_____ 님께

위로

위로

ⓒ 이철환, 2011

초판 1쇄 발행 2011년 10월 28일
초판 29쇄 발행 2023년 12월 29일

지은이   이철환
그린이   이철환
펴낸이   강병철

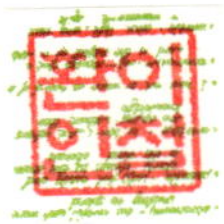

펴낸곳   자음과모음
출판등록 1997년 10월 30일 제1997-000129호
주소   10881 경기도 파주시 회동길 325-20
전화   편집부 02) 324-2347 경영지원부 02) 325-6047
팩스   편집부 02) 324-2348 경영지원부 02) 2648-1311
이메일   munhak@jamobook.com

ISBN 978-89-5707-590-6 (03810)

잘못된 책은 구입처에서 교환해드립니다.

이철환 글·그림

위로

자음과모음

차례

위로 _7

작가의 말 _222

파란나비 피터는 밤하늘을 날고 있었다.

피터는 길가에서 반쪽붉은나비를 만났다.
처음 보는 나비였다.
반쪽붉은나비의 날개는 아름다웠다.
피터는 반쪽붉은나비가 몹시 부러웠다.
피터는 반쪽붉은나비를 따라갔다.

"반쪽붉은나비야. 나도 너처럼 아름다운 날개를 갖고 싶은데…….
어떻게 하면 너처럼 아름다운 날개를 가질 수 있니?"
피터는 반쪽붉은나비를 향해 나직이 말했다.

반쪽붉은나비는 피터의 말을 들은 체도 하지 않았다.
피터가 가까이 다가가면 반쪽붉은나비는 더 멀리 날아갔다.
피터는 포기하지 않고 반쪽붉은나비를 따라갔다.

반쪽붉은나비가 피터를 향해 갑자기 얼굴을 돌렸다.
"왜 자꾸 따라오는 거니?"
"나도 너처럼 멋진 날개를 갖고 싶어서……."
피터는 간절한 눈빛으로 말했다.

반쪽붉은나비가 피터를 향해 다시 말했다.

"반쪽붉은나비가 된다는 건 네 생각처럼 멋진 일이 아니야."

"그래도 반쪽붉은나비가 되고 싶어."

"후회할지도 모르는데."

"후회할지도 모른다고?"

피터는 문득, 오래전에 엄마나비가 해주었던 말을 생각했다. 우리들의 미래는 우리들의 과거 속에 있다고 엄마나비는 말했었다.

망설임은 있었지만 피터는 "후회 안 할게"라고 단호하게 말했다. 피터의 말에 반쪽붉은나비는 으스대듯 어깨를 추어올렸다.

"반쪽붉은나비가 되려면 네 마음 깊은 곳으로 들어가야 해. 그곳으로 들어가면 무언가가 보일 거야. 먼저 그것부터 찾아봐."

반쪽붉은나비는 새침한 표정으로 피터에게 말했다.

"그게 뭔데?"

"네 마음속으로 들어가보면 알아."

"어떻게 해야 마음속으로 들어갈 수 있지?"

"눈을 감고 있으면 돼. 한참 눈을 감고 있으면 마음속으로 들어갈 수 있어."

피터는 고개를 갸웃거렸다. 피터는 반쪽붉은나비의 말이 무슨 말인지 도무지 알 수 없었다.

피터는 집으로 돌아왔다.

피터는 마음을 가라앉히고 가만히 눈을 감아보았다.

한참 후, 신기하게도 마음속으로 난 창문이 보였다.
피터는 그 창문을 통해 마음속으로 들어갈 수 있었다.

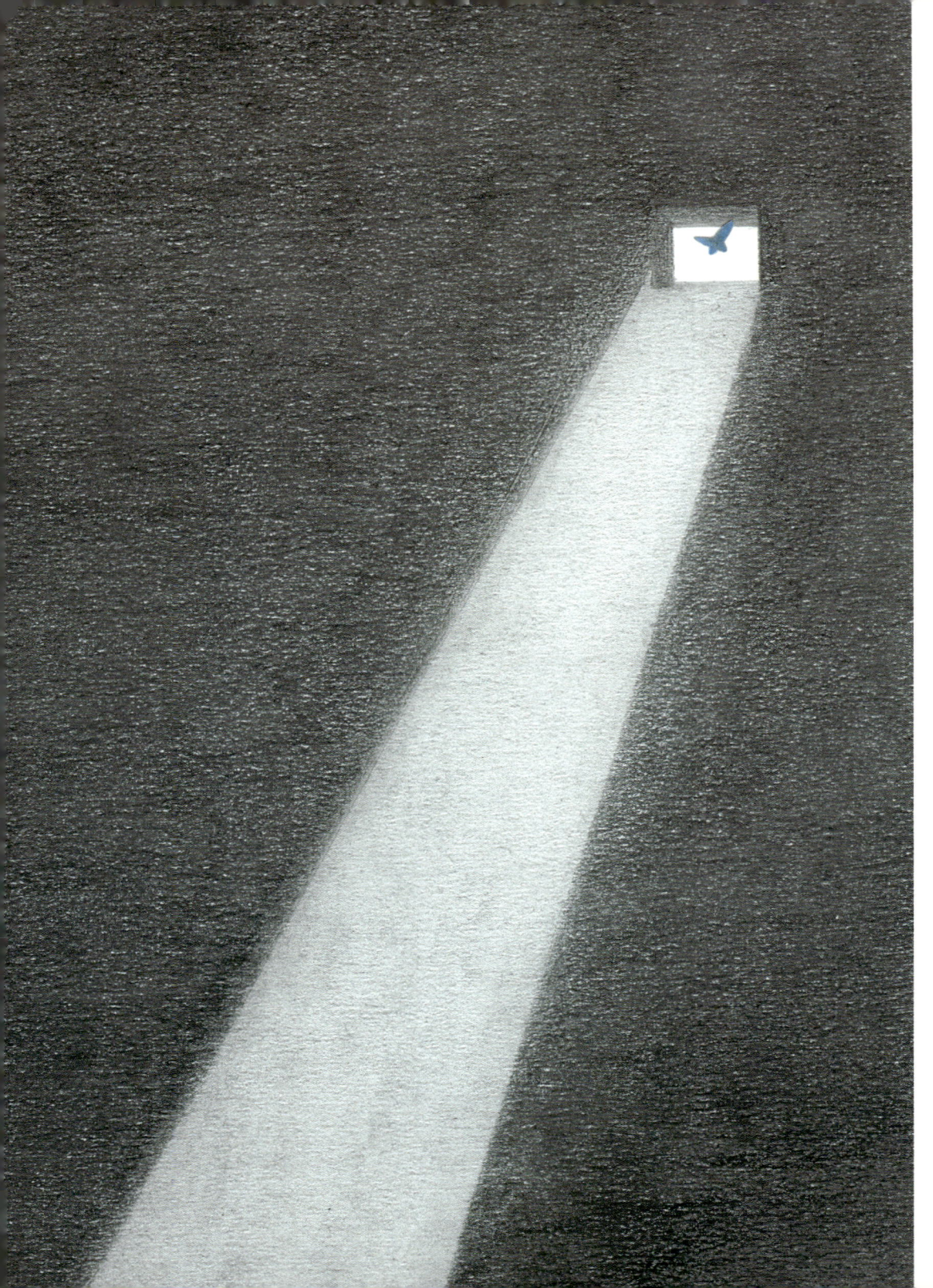

마음속은 캄캄했다.
마음속 여기저기를 찾아보았지만
아무것도 보이지 않았다.

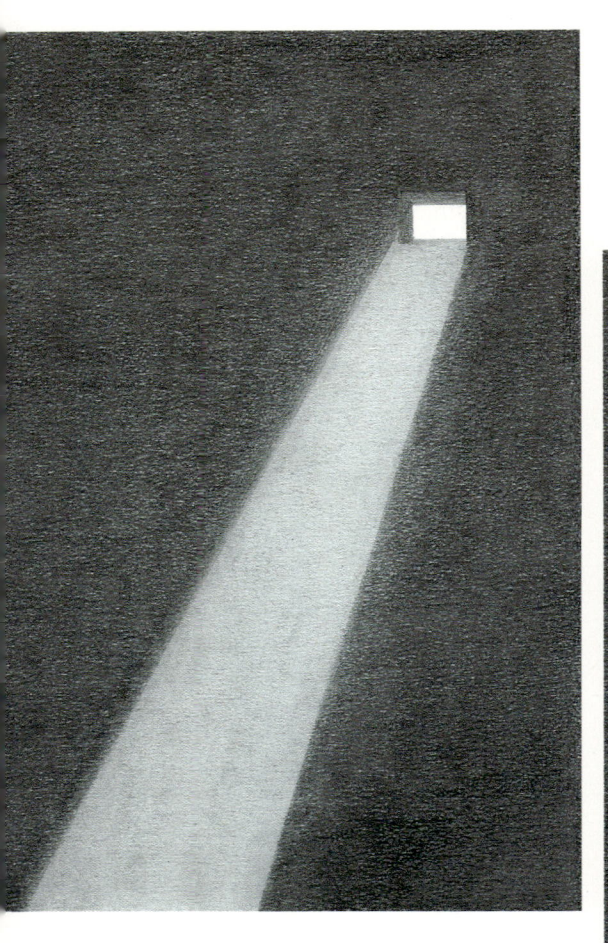

피터는 어둠 속을 헤매다가
아무것도 찾지 못하고 마음 밖으로 다시 나왔다.

피터는 숲 속을 지나다 고슴도치 한 마리를 만났다. 피터가 고슴도치에게 물었다.

"네 몸엔 왜 그렇게 가시가 많니?"

"내 몸의 가시는 나를 지키기 위한 거야."

"너는 네 모습이 마음에 드니? 마음에 들지 않을 수도 있을 것 같은데……."

"너의 기준으로 나를 바라보지 마. 나는 내 모습이 마음에 들어. 언제나 그런 건 아니지만……."

고슴도치는 말했다. 잠시 생각에 잠겨 있던 고슴도치가 피터에게 물었다.

"'기린은 키가 크다'와 '기린은 키가 작다' 중 어느 말이 맞는 것 같니?"

"'기린은 키가 크다'가 맞잖아. 기린은 숲 속에서 제일로 키가 크니까."

피터가 확신에 찬 목소리로 대답했다.

"그건 너의 생각일 뿐이야. '기린은 키가 크다'고 말하면 숲 속 동물들이 고개를 끄덕이겠지만, '기린은 키가 작다'고 말하면 나무들이 고개를 끄덕일 거야. 너의 생각을 지나치게 확신하지 마."

잠시 사이를 두었다가 고슴도치가 말을 이었다.

"나도 가끔은 내 모습이 싫어. 내 몸의 가시를 바라보며 비웃는 친구들도 있으니까……. 내 모습 때문에 마음 아플 때도 있지만 나는 아픔을 냉정하게 바라보려고 해. 세상의 무관심과 비웃음까지 견뎌낼 수 있을 때 나 자신과 정직하게 대면할 수 있을 테니까……. 사랑받을 만한 조건은 없지만 사랑받을 조건을 스스로 만들어가는 것들이 세상엔 얼마든지 있어."

고슴도치는 그렇게 말하고 건너편 숲 속을 향해 걸어갔다. 피터는 고슴도치의 말을 곰곰이 생각해보았다.

피터는 반쪽붉은나비를 만나기 위해 집을 나섰다.

다행히도 멀지 않은 곳에 반쪽붉은나비가 있었다.
피터는 반쪽붉은나비가 있는 곳으로 날아갔다.

피터는 나직한 목소리로 말했다.

"네가 말해준 대로 마음 깊은 곳으로 들어가보았는데 아무것도 보이지 않았어."

"더 깊은 곳까지 가야 해. 마음속 아주 깊은 곳까지……."

"얼마나 깊은 곳까지?"

"꽃들이 보일 때까지……."

"꽃들이 보인다고?"

"네 마음속에도 꽃이 피어 있을 거야. 누구의 마음속에도, 단 몇 송이라도, 꽃은 피어 있으니까……. 반쪽붉은나비가 되려면 그 꽃을 따 먹어야 돼."

"아, 그렇구나."

피터는 환하게 웃었다.

집으로 가는 내내 피터의 마음은 설렜다.

집에 돌아온 피터는
　　마음속 더 깊은 곳까지 내려가기 위해 눈을 꼭 감았다.

잠시 후, 마음속으로 난 창문이 보였다.

피터는 그곳을 통해
　　마음속으로 다시 들어갈 수 있었다.

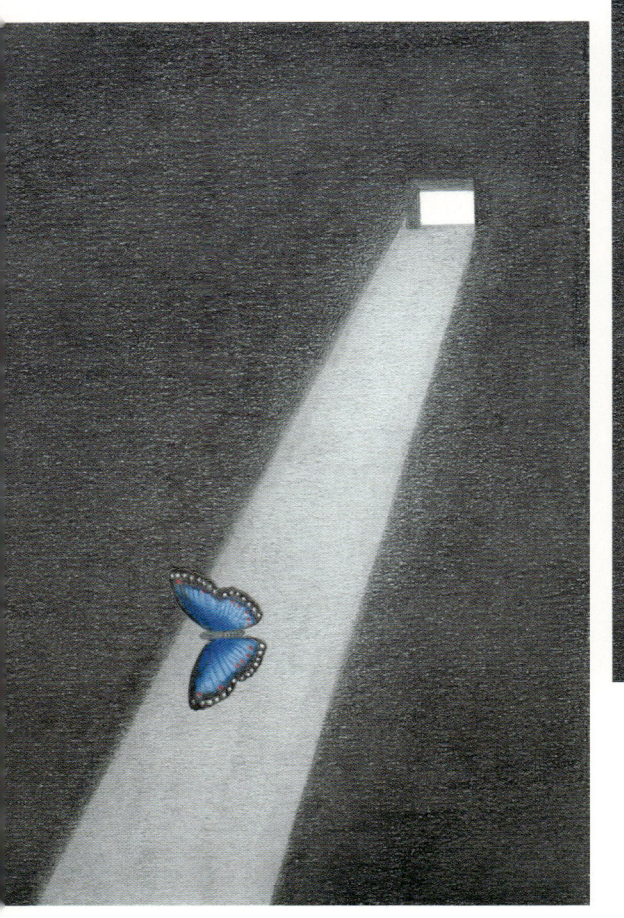

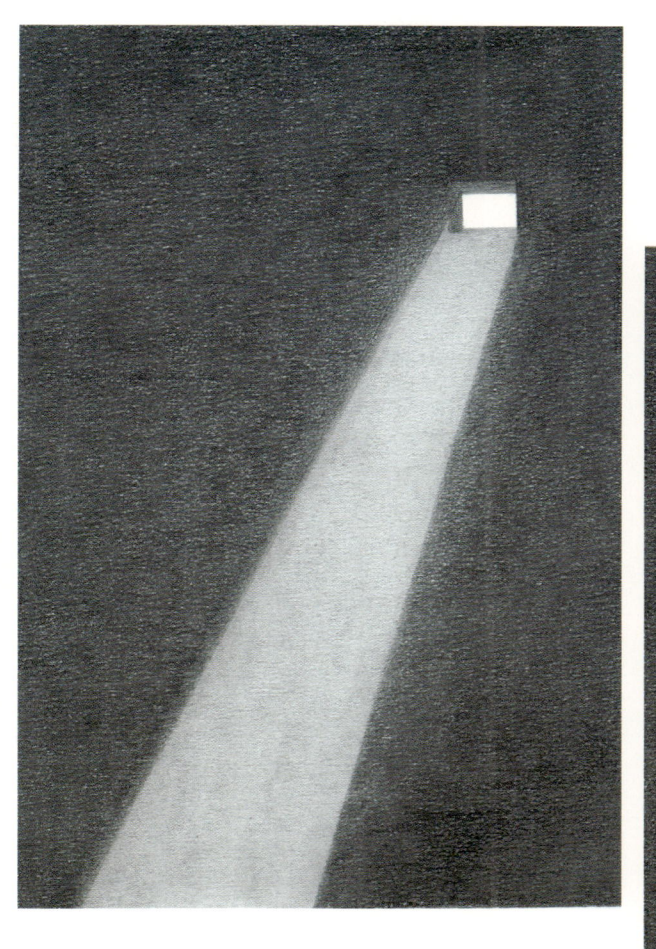

마음속 깊이, 더 깊이 내려갔을 때
피터는 빨간 꽃이 피어 있는
두 개의 화분을 발견할 수 있었다.

우리들의 미래는 우리들의 과거 속에 있는지도 모른다는 엄마의 말이 생각나 피터는 잠시 망설였지만, 반쪽붉은나비가 되겠다는 꿈을 포기할 순 없었다. 피터는 반쪽붉은나비가 말해준 대로 빨간 꽃 한 송이를 따 먹었다.

또다시 망설이다가
　　나머지 한 송이도 따 먹었다.

그 순간 피터의 몸은 소용돌이치는 불길 속으로 빨려 들어가는 것 같았다.

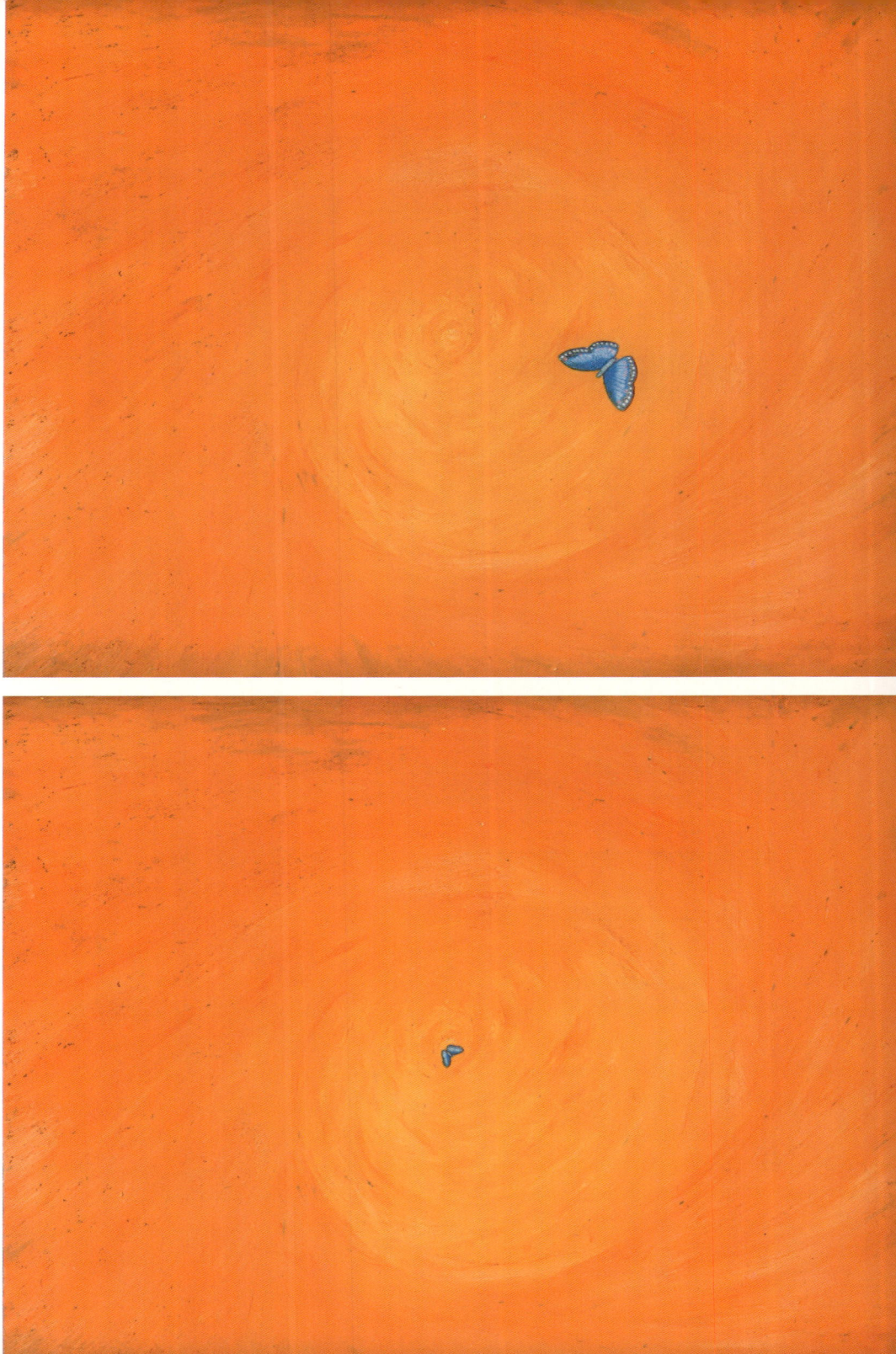

잠시 후 정신을 차렸을 때, 피터는 자신이 반쪽붉은나비가 되었다는 것을 알았다. 붉은빛이 감도는 함치르르한 날개빛이 아름다웠다. 피터는 행복했다.

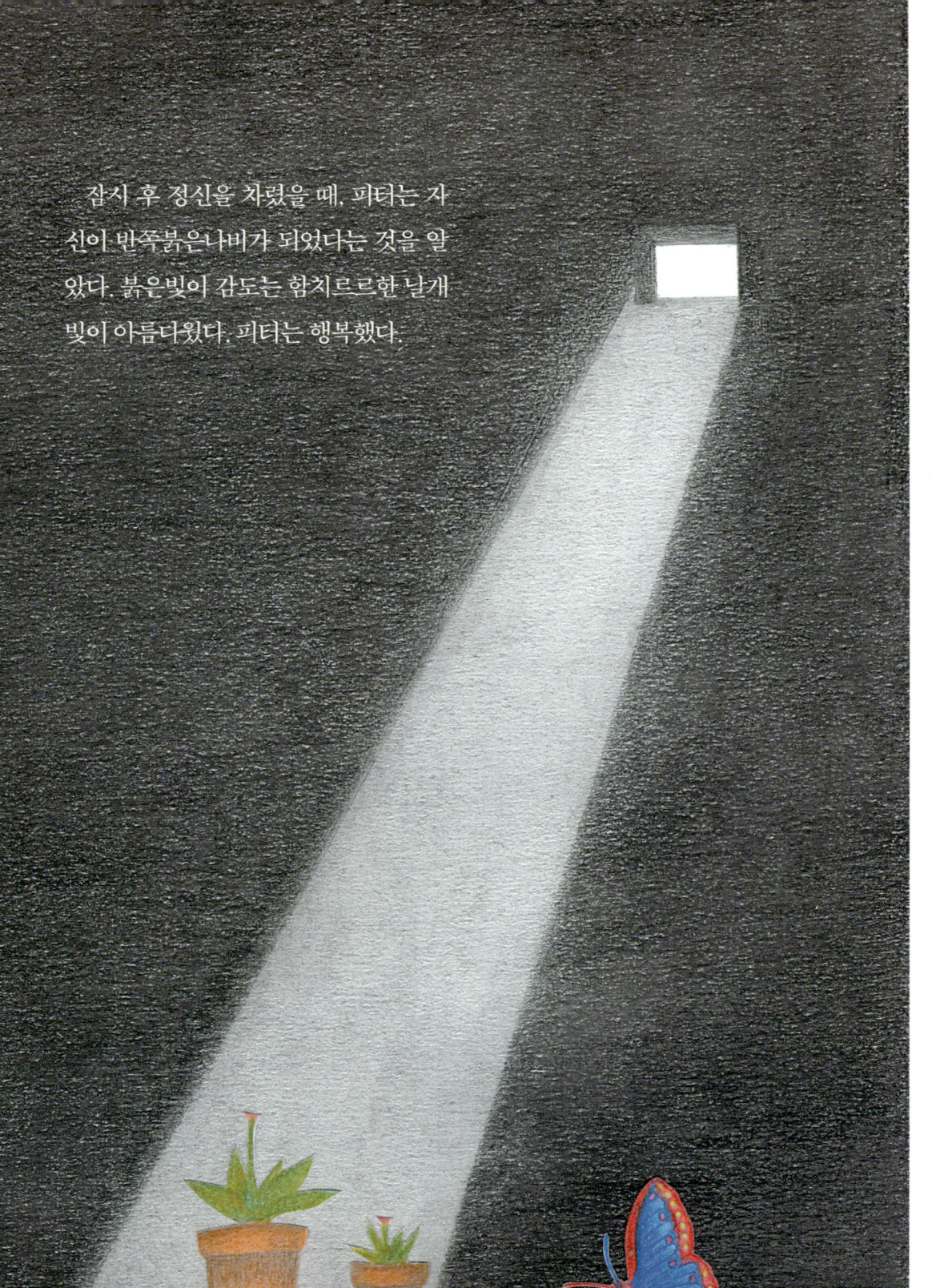

피터는 마음 밖으로 나가려고
　　　날개를 팔랑거렸다.

아무리 보아도 아름다운 날개였다.
　　　　피터는 친구들에게 아름다운 날개를 자랑하려고 집을 나섰다.

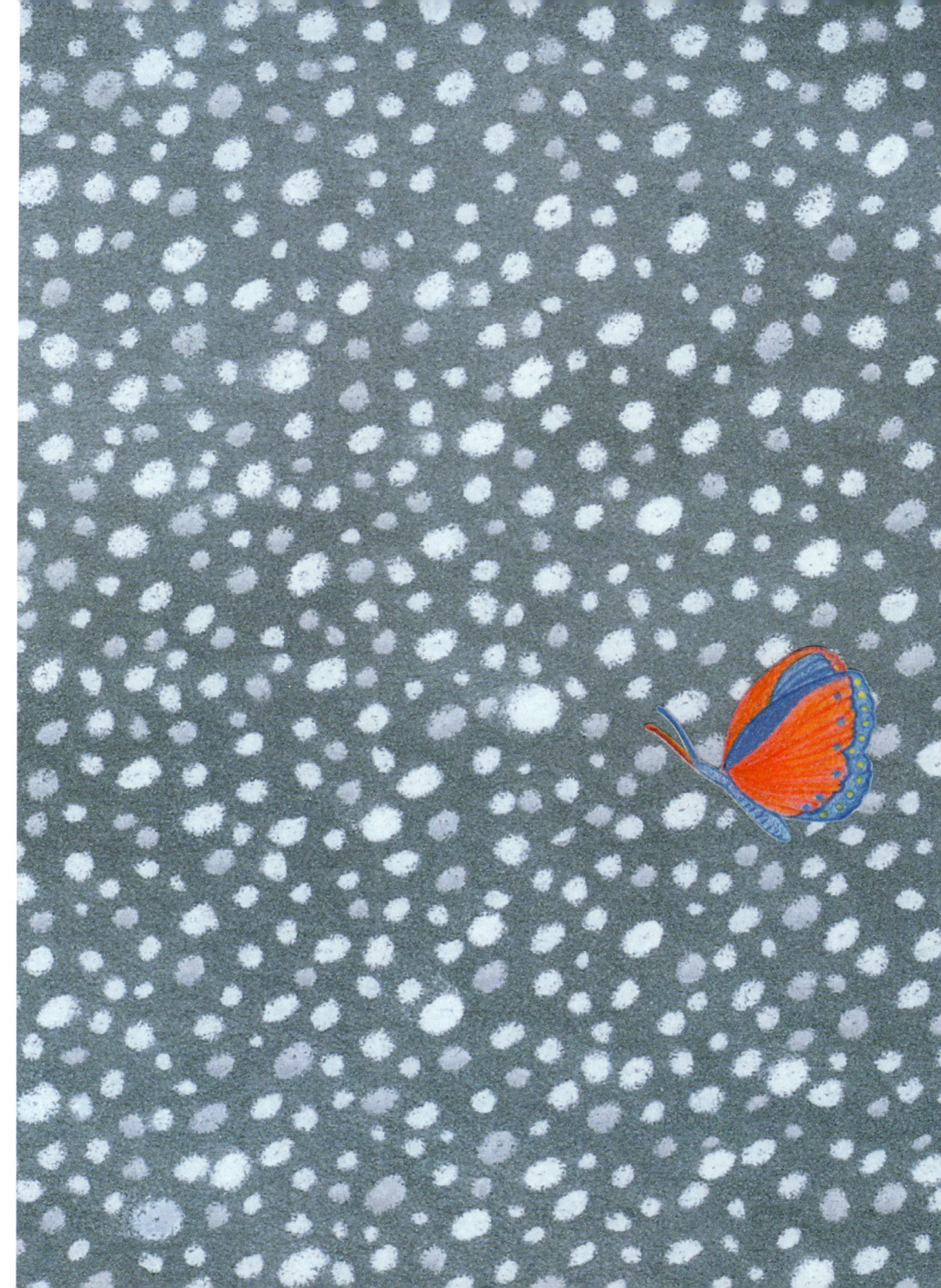

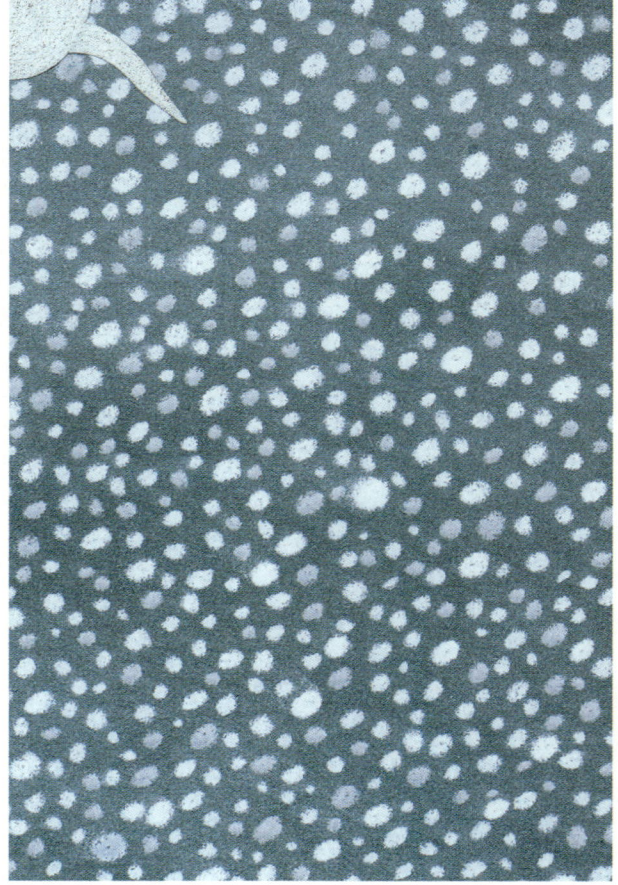

피터가 날개를 이리저리 팔랑거리며 멋있지 않냐고 친구에게 물었지만, 친구는 시큰둥한 얼굴로 말없이 웃기만 했다. 피터는 그런 친구가 몹시 원망스러웠다.

피터는 집으로 돌아오면서 오래전 엄마나비가 해주었던 말을 생각했다. 친구의 슬픔을 함께 나누는 것도 어려운 일이지만, 친구의 기쁨을 진심으로 기뻐해주는 것도 어려운 일이라고 엄마나비는 말했었다. 친구가 잘되는 것을 진심으로 기뻐해줄 수 있는 친구는 생각보다 많지 않다고 엄마나비는 말했었다.

피터는 아름다운 날개를 자랑하려고 또 다른 나비들을 만나보았지만 그의 날개가 아름답다고 말해주는 나비는 없었다. 다른 나비들에게 인정받고 싶었는데, 다른 나비들보다 빛나고 싶었는데, 아무도 자신을 바라봐주지 않았다. 피터는 마음이 아팠다. 얼마 전에 만났던 친구가 자신의 날개를 바라보며 시큰둥한 얼굴로 웃기만 했던 이유를 그제야 알 것 같았다.

피터가 울적한 마음으로 숲을 지날 때였다.

바람에 흔들리는 키 큰 나무가 보였다.

키 큰 나무를 한참 동안 바라보던 피터가 나무에게 다가가 말을 걸었다.
"나무야, 나도 너처럼 키 큰 나무가 되고 싶어."
"왜 키 큰 나무가 되고 싶은데?"
"높이를 갖고 싶으니까."
"높이를 갖고 싶은 이유가 뭔데?"
"높이를 가지면 많은 것을 볼 수 있잖아."
"꼭 그렇진 않아. 높이 때문에 볼 수 없는 것들도 너무나 많으니까."
"높이 때문에 볼 수 없는 것들도 많다고?"
피터는 이해할 수 없다는 듯 물었다.
고개를 갸웃거리는 피터를 바라보며 키 큰 나무가 말했다.
"높은 곳보다 낮은 곳에서 더 많은 걸 볼 수 있을지도 몰라. 네가 진정으로 높이를 갖고 싶다면 깊이에 대해 먼저 고민해야 돼. 깊이를 가지면 높이는 저절로 만들어지는 거니까. 하늘로 행군하기 위해서 나무들은 맨손 맨발로 어두운 땅속을 뚫어야 하거든. 깊이가 없는 높이는 높이가 아니야. 깊이가 없는 높이는 바람에 금세 쓰러지니까."
"깊이를 가지면 높이는 저절로 만들어지는 거라고 했지? 그게 무슨 말인지 잘 모르겠어."
피터가 다시 물었다.
키 큰 나무는 잠시 생각에 잠겼다가 땅바닥에 두 그루의 나무를 그렸다. 뿌리까지 훤히 들여다보이는 나무였다.

"여기 있는 두 그루의 나무를 비교해봐. 두 그루의 나무가 같은 종류의 나무라면 누가 더 키가 클까?"

"왼쪽에 있는 나무. 뿌리 깊은 나무가 키도 더 클 테니까."

피터가 확신에 찬 목소리로 말했다.

"맞아. 같은 종류의 나무라면 뿌리 깊은 나무가 키도 더 큰 법이지."

키 큰 나무는 잠시 사이를 두었다가 자신이 그린 나무 그림을 거꾸로 뒤집어 놓으며 말했다.

"두 그루의 나무를 다시 자세히 봐. 조금 전에 보았던 그림을 이렇게 거꾸로 뒤집어 놓으면 우리가 말한 것처럼 뿌리 깊은 나무가 키가 큰 나무가 되잖아."

"아, 그렇구나!"

피터는 진지한 눈빛으로 그림을 더 가까이 들여다보았다. 피터를 바라보며 키 큰 나무가 다시 말했다.

"높이를 갖고 싶다고 모두들 높은 곳만 기웃거리는데 헛수고일 뿐이야. 아까도 말했지만 높이를 가지려면 먼저 깊이를 고민해야 돼. 깊이를 가지려면 여러 번 실패할 수도 있지만, 실패를 두려워하지 마. 우리가 배우는 것들의 대부분은 실패를 통해 배우는 거니까……. 높이 때문에 진실을 잃는 자들도 많아. 높이는 겸손을 잃게 만들고, 겸손을 잃었다는 것은 진실을 잃었다는 것과 같은 뜻이니까."

"높이 때문에 진실을 잃는다고?"

"……"

피터가 묻는 말에 키 큰 나무는 아무런 대답도 하지 않았다. 잠시 후 키 큰 나무가 말했다.

"높이는 행복을 주기도 하지만 행복만큼의 절망도 각오해야 돼. 높은 곳은 언제나 더 높은 곳을 바라보기 때문에 절망할 수밖에 없는 거지. 그렇다고 높이의 절망을 깔보지 마. 높이의 절망 또한 높이를 이끌고 가는 힘이니까."

"깊이를 가지려면 어떻게 해야 하는지 알려줘."

피터가 진지한 눈빛으로 말했다.

"깊이를 갖는다는 건, 꽃을 피울 수 있는 당장의 씨앗을 열망하지 않고, 씨앗을 품을 수 있는 토양을 만들어놓는 거야. 토양만 있다면 꽃은 언제든지 피어날 수 있거든…….”

"무슨 말인지 잘 모르겠어. 더 쉽게 말해줘."

피터는 난감한 표정을 지으며 말했다.

"깊이를 갖고 싶다면 높이에 집착하지 말고 지금 해야 할 일을 하며 묵묵히 걸어가면 돼. 깊이를 갖는다는 건 자신의 가능성을 긍정하며 어둠의 시간을 견디겠다는 뜻이니까……. 나도 확신할 순 없지만 실패와 치욕을 통해 우리는 깊이를 배우는 것인지도 몰라…….”

키 큰 나무의 말에 피터는 고개를 끄덕였다. 키 큰 나무가 멀리 보이는 산을 가리키며 피터에게 다시 말했다.

'저 산 너머 사막으로 가면 선인장이 살고 있는데, 물이 부족한 곳에서도 선인장이 살아갈 수 있는 이유가 뭔지 아니?"

"선인장은 물을 좋아하지 않으니까 사막에서도 살 수 있는 거잖아."

피터가 나직한 목소리로 대답했다.

"물이 부족해도 선인장이 견디는 거야. 선인장도 물이 없으면 살 수 없으니까……. 선인장은 턱없이 부족한 물을 얻기 위해 자신의 몸으로 공기 중에 있는 수분을 빨아들이거든. 선인장은 최악의 상황에서도 자신의 삶을 긍정하는 연습을 하는 거지. 높이보다 깊이가 더 중요하다는 것을 선인장은 잘 알고 있는 거야."

키 큰 나무는 확신에 찬 목소리로 말했다. 피터는 키 큰 나무의 말을 모두 이해할 순 없었지만 왠지 마음이 편해지는 것 같았다. 높은 곳보다 낮은 곳에서 더 많은 걸 볼 수 있을지도 모른다는 키 큰 나무의 말을 피터는 곰곰이 생각해 보았다.

피터는 키 큰 나무를 만나고 집으로 돌아오다가 엄마나비가 해주었던 말을 생각했다. 하나님이 만드신 들꽃처럼 살아가라고 엄마나비는 말했었다. 아무 곳에나 피어나지만, 아무렇게나 살아가지 않는 들꽃처럼 살아가라고 엄마나비는 말했었다. 흙 한 줌 없고, 물 한 방울 없는 곳에서도 당당히 피어나는 민들레를 바라보며 살아가라고 엄마나비는 말했었다.

피터는 민들레 꽃송이 위로 가만히 내려앉았다.
꽃송이에서 엄마 냄새가 나는 것 같았다. 피터는 눈물이 나올 것만 같았다.

길을 가다가 파란나비들을 만나면
　　　피터는 부끄럽다는 생각이 들었다.

마음속에 핀 꽃들을 따 먹었다고 피터를 놀리는 파란나비들도 있었다.

파란나비들과 놀고 싶었지만 파란나비들은 피터와 놀아주지 않았다.
파란나비들은 피터의 말을 믿으려 하지 않았다.

피터는 더 이상 참을 수 없어 싸움을 하며
파란나비의 날개를 찢어놓기도 했다.

길을 가다가 눈부시게 아름다운 날개를 가진 나비를 만나면 피터의 마음은 더 아팠다. 마음 아픈 날이면 키 큰 나무를 만나고 싶었다. 키 큰 나무를 만나면 위로받을 수 있을 것만 같았다. 피터는 키 큰 나무가 있는 숲 속으로 갔다.

키 큰 나무를 보는 순간 피터는 깜짝 놀랐다. 키 큰 나무의 몸이 온통 붉게 변해 있었다.

피터는 키 큰 나무의 눈치를 살피며 조심스럽게 물었다.
"네 몸이 붉은색이 됐어. 무슨 일 있었니?"
"조금 전에 방울새 여러 마리가 날아와 내 몸에 똥을 잔뜩 싸놓고 갔지 뭐야. 비가 올 때까지는 꼼짝없이 이렇게 살아야 하니 화가 안 나겠니? 그런데 너는 왜 왔니?"
"…… 마음이 아파서."
"무슨 일 때문에 마음이 아픈데?"
"조금 전에 아름다운 날개를 가진 나비를 만났거든……. 아름다운 날개를 가진 나비를 만나면 그냥 마음이 아파."
"너만 그런 거 아냐. 그건 세상 모든 자들의 아픔이니까. 네가 보았다는 아름다운 나비도 자기보다 더 아름다운 나비를 만나면 너처럼 마음 아파할 거야……. 우리를 불행하게 만드는 게 있는데 그게 뭔지 아니?"
"……"
키 큰 나무의 갑작스런 물음에 피터는 잠시 머뭇거렸다. 키 큰 나무가 또랑또랑한 목소리로 피터에게 말했다.

"우리를 불행하게 만드는 건 '비교'야. 나를 다른 것과 비교하면서 우리는 스스로를 불행하다고 생각하거든……. 네가 무엇을 하든, 네 모습이 어떻든, 너를 다른 것들과 비교하지 마. 네가 아름다운 날개를 갖는다 해도, 너는 더 아름다운 날개를 갈망하게 될 거야. 비교는 아래쪽을 바라보지 않고 항상 위쪽만 바라보려고 하니까……. 너의 아픈 그늘이 있다면, 차라리 그것을 인정하고 받아들일 때 성장을 향한 첫 걸음을 뗄 수 있을 거야."

"나의 아픈 그늘이 있으면 그것을 인정하고 받아들이라고 했잖아. 그게 쉽지 않아."

"누구에게나 쉽지 않은 일이지……. 하지만 자신을 다른 것들과 비교하지 않고 행복하게 살아가는 것들이 얼마든지 있으니까 너도 그렇게 할 수 있다고 믿어야 돼. 만약에 달걀 껍데기가 단단한 돌로 만들어져 있다면 하나님은 어린 병아리에게 돌을 부술 수 있는 힘까지 주셨을 테니까……."

키 큰 나무는 웃으며 말했다.

키 큰 나무의 말을 듣고 피터는 가만가만 고개를 끄덕였다. 스스로를 불행하다고 생각하지 않으려면 자신을 다른 것들과 비교하지 말아야 한다는 키 큰 나무의 말을 피터는 마음 깊은 곳에 새겨두었다.

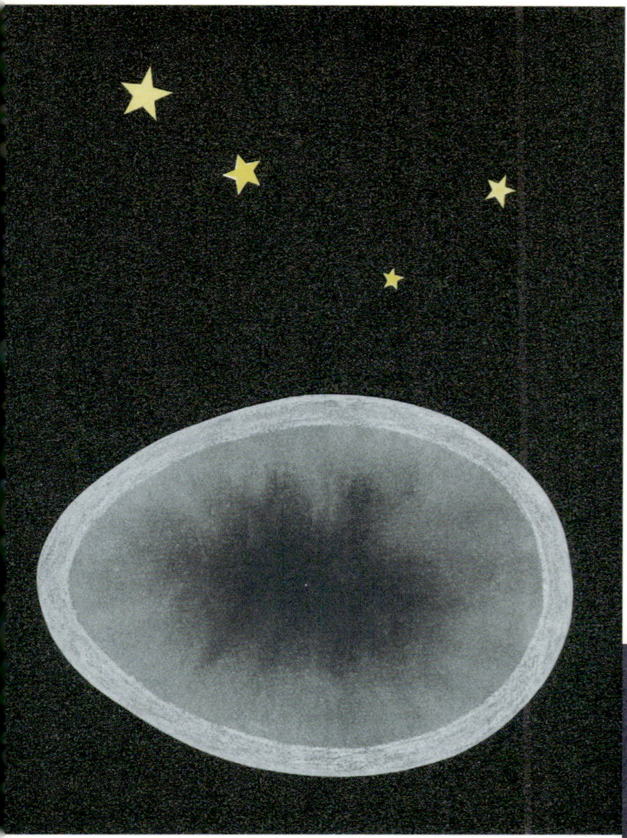

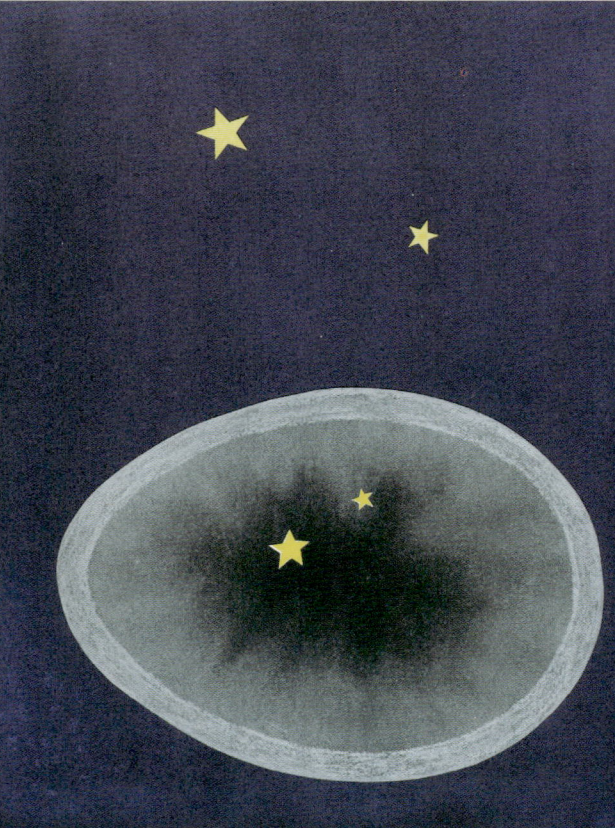

잠시 침묵했던 키 큰 나무가 피터를 향해 물었다.

"기분이 좀 나아졌니?"

피터는 고개를 끄덕였다. 키 큰 나무가 말했다.

"마음이 아파도 꿋꿋하게 견뎌야 돼. 우리는 아픔을 통해 진실을 배울 수 있거든."

"내 아픔을 들어줄 친한 친구가 있었으면 좋겠어."

"너의 아픔을 들어줄 친구도 위로가 되겠지만, 진심을 다해 너의 문제를 짚어주고 너를 돌아볼 수 있는 질문을 던져주는 친구도 위로가 될 수 있을 거야."

키 큰 나무가 겸연쩍게 웃으며 말했다.

"모두에게 인정받는 자들은 얼마나 행복할까……."

피터가 쓸쓸한 표정을 지으며 말했다.

"그 반대일지도 몰라. 산에 오르면 더 높은 산이 보일 테니까……. 가진 게 많을수록 많은 것을 지배할 것 같지만, 가진 게 많을수록 많이 지배당하거든. 그래서 높은 것과 큰 것과 아름다운 것들은 언제나 위태로워. 공작새는 아름다운 날개 때문에 평생을 철장 속에 갇혀 지내야 하거든."

키 큰 나무가 말했다.

"다른 것과 비교하지 않으려 해도 잘 되지 않을 땐 어떡하지?"

"당당하게 비교해도 좋을 것 같거든. 상대를 질투하는 대신 진심으로 그를 인정하고 그로부터 배울 수도 있으니까……."

키 큰 나무의 마지막 말에 피터는 눈이 번쩍 뜨였다.

화창한 날이었다. 피터가 따사로운 햇볕 속을 날고 있는데 그리 멀지 않은 곳에 오리 한 마리가 보였다. 가까이 다가가보니 오리가 아니라 오리를 닮은 나무였다.

"나는 네가 오리인 줄 알았어. 가까이 와보니 나무였네."

"내가 나무라고?"

"나무 맞잖아."

"자세히 보라고. 난 오리야. 눈도 있고, 부리도 있고, 날개도 있고, 꼬리도 있잖아."

피터는 오리를 닮은 나무를 자세히 들여다보았다. 그의 말대로 눈도 있고, 부리도 있고, 날개도 있고, 꼬리도 있는 것 같은데, 다리가 없었다.

"너는 다리가 없잖아. 오리는 다리가 있거든."
피터는 확신에 찬 목소리로 말했다.
"내 다리는 땅속에 박혀 있어서 눈에 보이지 않을 뿐이야."

"치······. 넌 날 수도 없잖아. 먹을 수도 없고 꽥꽥꽥 울 수도 없으니까 너는 오리가 아냐. 세월과 바람이 나무인 너를 오리처럼 만들어놓았을 뿐이야. 오리를 닮았다고 해서 오리라고 할 순 없잖아. 저기 보이는 제비꽃이 아무리 제비를 닮았어도 제비가 될 수 없는 것처럼 말이야."
피터는 빈정거리듯 말했다.

"네가 나를 오리로 인정하지 않는 한 너와 나는 소통할 수 없어. 소통하겠다는 것은 '생각의 차이'를 인정하겠다는 뜻이니까……. 내 위에 앉아서 쉬어 가는 매미들 중에는 내 깊은 곳에서 심장 소리가 들린다고 말해주는 매미도 있었거든‥…. 굶주린 송골매는 천 미터 밖에 있는 생쥐를 볼 수 있다는데, 나비 너는 얼마나 멀리까지 볼 수 있니? 너의 눈이 모든 걸 볼 수 있다고 믿지 마. 너의 눈은 기껏해야 보이는 것만 볼 수 있으니까."

피터는 오리라고 우기는 나무의 말을 도무지 이해할 수 없었다. 아무리 보아도 오리가 아니었다.

"네가 이 길을 다시 지나다 보면 내가 진짜 오리라는 것을 알게 될지도 몰라. 그때 다시 오렴."

오리를 닮은 나무는 웃으며 말했다. 확신에 찬 그의 말에 피터는 고개를 갸웃거렸다.

숲길을 지나는데 오리라고 우기는 나무가 멀리 보였다. 피터는 그곳을 지날 때마다 유심히 그를 살폈지만 그는 꼼짝 못하고 그 자리에 붙박여 있었다. 진짜 오리라면 그럴 리 없다고 피터는 생각했다. 피터는 오리라고 우기는 나무의 뒤쪽으로 살며시 날아가 속삭이듯 인사를 건넸다.

"나무, 안녕."

"너는 아직도 내가 나무라고 생각하는구나."

"너는 나무일 뿐이야. 네가 진짜 오리라면 한 걸음이라도 걸어봐. 눈을 깜박이든지 날갯짓이라도 해보란 말이야. 내가 알고 있는 오리는 분명히 너 같지 않거든."

피터는 단호하게 말했다. 확신에 차 있는 피터를 바라보며 오리를 닮은 나무가 말했다.

"부분을 전체라고 믿고 있는 너희들만의 진리가 늘 문제야. 너희들은 진리나 고정관념이라는 성을 쌓고 살아가는데, 그 성은 너무도 견고해 누구도 들어갈 수 없지만, 문제는 그 성 밖으로 너희들도 빠져나올 수 없다는 거야. 너만의 진리나 고정관념을 버리면 더 많은 것들을 볼 수 있을 거야. 네가 꽃을 바라보는 방식으로 꽃이 너를 바라본다고 생각하지 마. 꽃은 꽃의 방식으로 너를 바라볼 뿐이니까."

"나비 네가 바라본 엉겅퀴 꽃의 모습은 이렇겠지만."

"엉겅퀴 꽃이 바라본 너의 모습은 이럴지도 몰라."

"나비 네가 바라본 빗줄기는 이렇겠지만."

"엉겅퀴 꽃이 바라본 빗줄기는 이럴지도 모르고……."

피터는 확신에 찬 그의 말을 조용히 듣고 있었다. 어쩌면 그가 진짜 오리일지도 모른다고 피터는 생각했다.

길가 여기저기에 무시무시한 위험이 숨어 있었다. 바람에 떨어진 벚꽃을 거미줄 위에 걸어놓고 벌이나 나비를 기다리는 거미도 있었다.

등판 위에 노란 불빛을 켜놓고 먹이를 유혹하는 긴꼬리호랑거미도 있었다.

긴꼬리호랑거미를 바라보며 피터는 엄마나비의 말을 떠올리기도 했다. 어둠이 우리를 쓰러뜨리기도 하지만 빛이 우리를 쓰러뜨릴 때도 있다고 엄마나비는 말했었다. 악마는 악마의 모습으로 다가오지 않고 천사의 모습으로 다가온다고, 환하게 다가오는 빛이 때로는 우리를 쓰러뜨리는 함정이 될 수도 있다고 엄마나비는 말했었다.

눈 깜짝할 사이에 날아와 나비를 공격하는 새들도 있었다.

숲 속 가까운 곳에 고슴도치가 보였다. 지난번에 만났던 고슴도치였다. 피터가 다가가 말을 걸었다.

"어디 가니?"

"'기쁨'을 찾으러."

"'기쁨'을 찾는다고……? '기쁨'이 어디 있는데?"

"나도 몰라."

고슴도치는 무심히 대답했다. 피터가 고슴도치를 향해 말했다.

"세상 어디에도 기쁨 같은 건 없을 거야. 거짓으로 가득 찬 세상에 '기쁨'이 있을 리 없잖아."

'세상은 오래전부터 그랬어. 용감하고 정의로운 자들보다 비겁한 자들이 세상엔 훨씬 더 많았거든. 그래도 나는 '기쁨'을 찾을 거야."

고슴도치가 차분한 목소리로 말했다. 피터를 잠시 바라보다가 고슴도치가 다시 말했다.

"세상을 불평하기 전에 우리는 세상을 향해 얼마나 진실했는지 먼저 생각해봐야 해. 삶이 원하는 대로 이루어지지 않는다고 불평하기 전에 우리 자신을 위해 얼마나 노력했는지도 생각해봐야 하고……. 지난번에도 말했지만 우리의 상처를 치유하고 싶다면 먼저 우리 자신을 냉정하게 바라볼 수 있어야 돼. 그래야 자신의 문제를 발견하고 해결할 수 있을 테니까……. 우리가 바늘구멍으로만 세상을 바라보면 세상도 바늘구멍으로만 우리를 바라볼 거야."

고슴도치는 그렇게 말하고 자작나무 숲을 향해 걸어갔다. 피터는 고슴도치의 말을 곰곰이 생각해보았다. 하지만 세상에 대한 불신은 지워지지 않았다.

 온몸 가득 표범 무늬를 그려놓고, 표범처럼 사납게 피터를 노려보는 표범나비도 있었다. 표범나비는 마치 표범이 된 듯한 눈빛이었다. 표범나비는 그곳에서 가장 넓은 꽃밭을 차지한 욕심 많은 나비였다.

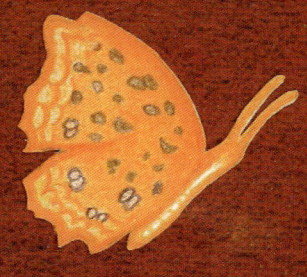

표범나비가 피터를 노려보며 말했다.
"그런 눈으로 나를 바라보지 마. 너도 내가 두 얼굴을 가진 욕심 많은 나비라고 생각하니? 착각하지 마. 너희들 모두 나와 똑같은 모습으로 살아가고 있으니까……. 존재의 욕망을 이해할 수 없다면, 존재를 이해할 수 없는 거야. 존재의 이중성을 이해할 수 없다면, 존재를 이해할 수 없는 거라고."

"무슨 말인지 모르겠어."
피터가 조심스럽게 말했다.
"우리의 욕망이나 이중성을 함부로 깔보지 말라는 뜻이야. 욕망은 세상을 움직이는 힘이기도 하니까……. 우리의 이중성이 없다면 세상은 지금보다 훨씬 더 불편해질지도 몰라. 욕망이나 이중성을 깔보는 것들은 자신조차 이해하지 못하는 것들이야. 자신에게도 욕망이 있고 이중성이 있는데, 남의 욕망이나 이중성을 깔본다는 건 말도 되지 않잖아……. 내 말 이해할 수 있겠니?"

피터는 이해할 수 없다는 듯 고개를 저었다.

표범나비가 가까운 곳에 있는 무지개시냇물을 가리키며 피터에게 말했다.
"잠깐 나를 따라와봐. 네게 보여줄 게 있으니까."
표범나비가 앞서 날았고 피터는 말없이 그의 뒤를 따랐다.

표범나비는 더듬이를 팽팽히 세워 시냇물 가장자리를 가리키며 말했다.

"저 시냇물을 보라고. 물가에 잔뜩 끼어 있는 초록색 이끼 보이지?"

"응, 보여."

"시냇물이 이끼에게, 너같이 더러운 이끼가 왜 내 안에서 피어났느냐고 물었대. 이끼가 시냇물에게 뭐라고 했는지 알아?"

"……."

피터는 아무런 대답도 하지 않았다.

"이끼가 시냇물에게 이렇게 말했다는 거야. '시냇물 네가 더러우니까 내가 피어날 수 있었던 거야. 이끼는 더러운 물에서만 살 수 있거든…….' 시냇물은 입이 열 개라도 할 말이 없는 거지. 그와 마찬가지야. 더러운 물에서 이끼가 피어나는 것처럼, 우리들도 세상의 모습을 닮아갈 수밖에 없거든. 세상이 가면을 쓰고 있으니까 우리에게도 어쩔 수 없이 가면이 필요한 거야. 가면이 없으면 마음을 감출 곳이 없으니까. 가면이 없으면 우리 안의 짐승을 감출 곳이 없으니까……. 이젠 내 말이 무슨 뜻인지 알겠니?"

피터는 가만가만 고개를 끄덕였다.

피터는 집으로 가는 내내 몹시 혼란스러웠다. 우리의 이중성이 없다면 세상은 지금보다 훨씬 불편해질지도 모른다는 표범나비의 말이 자꾸만 머릿속을 맴돌았다. 욕망이나 이중성을 함부로 깔보지 말라는 표범나비의 말이 피터 자신을 위로하고 있다는 생각도 들었다.

피터는 전에 심하게 다툰 파란나비와 화해하고 싶었다. 하지만 파란나비는 피터의 말을 들은 체도 하지 않았다. 가까운 곳에서 다른 파란나비들의 빈정대는 소리도 들려왔다. 피터는 서둘러 그곳을 떠나왔다.

피터가 슬픈 마음으로 숲을 지날 때였다. 다람쥐가 나무 아래 앉아 도토리를 먹고 있었다. 무심히 지나치려는 순간 지난해 가을, 다람쥐가 해주었던 말이 생각났다.

"피터야, 나는 가을이 오면 도토리가 많아서 행복해. 숲속에서 도토리를 주워 먹다가 배가 부르면 나중에 먹으려고 도토리를 땅속에 감춰두기도 하는데, 감춰둔 곳을 까맣게 잊어버릴 때도 있어. 친구들은 그런 나를 보고 먹지도 못할 도토리를 땅속에 감추느라 쓸데없이 고생만 한다고 놀리기도 하지만, 나는 그것이 쓸데없는 짓이라고 생각하지 않아. 왜냐하면 땅속에 감춰둔 도토리가 싹을 틔우고 세월이 지나 커다란 도토리나무가 되면 훗날 내 새끼의 새끼들이 먹고 살아갈 도토리가 열릴 테니까……. 우리가 의미 있는 일이라고 생각했던 일들 중엔 무의미하게 끝나는 일이 얼마든지 있잖아. 우리에게 당장은 무의미한 일처럼 보이지만 시간이 흘러 매우 중요한 의미가 되는 일도 얼마든지 있고. 우리가 진심을 다하고 있다면, 당장은 무의미해 보이는 일이라 해도 언젠가는 의미 있는 일이 될 수 있을 거야. 진심을 다하고 있다면 말이야……."

피터는 다람쥐가 해주었던 말을 곰곰이 생각해보았다. 하지만 마음은 여전히 무거웠다. 아무도 없는 곳으로 숨어버리고 싶었다.

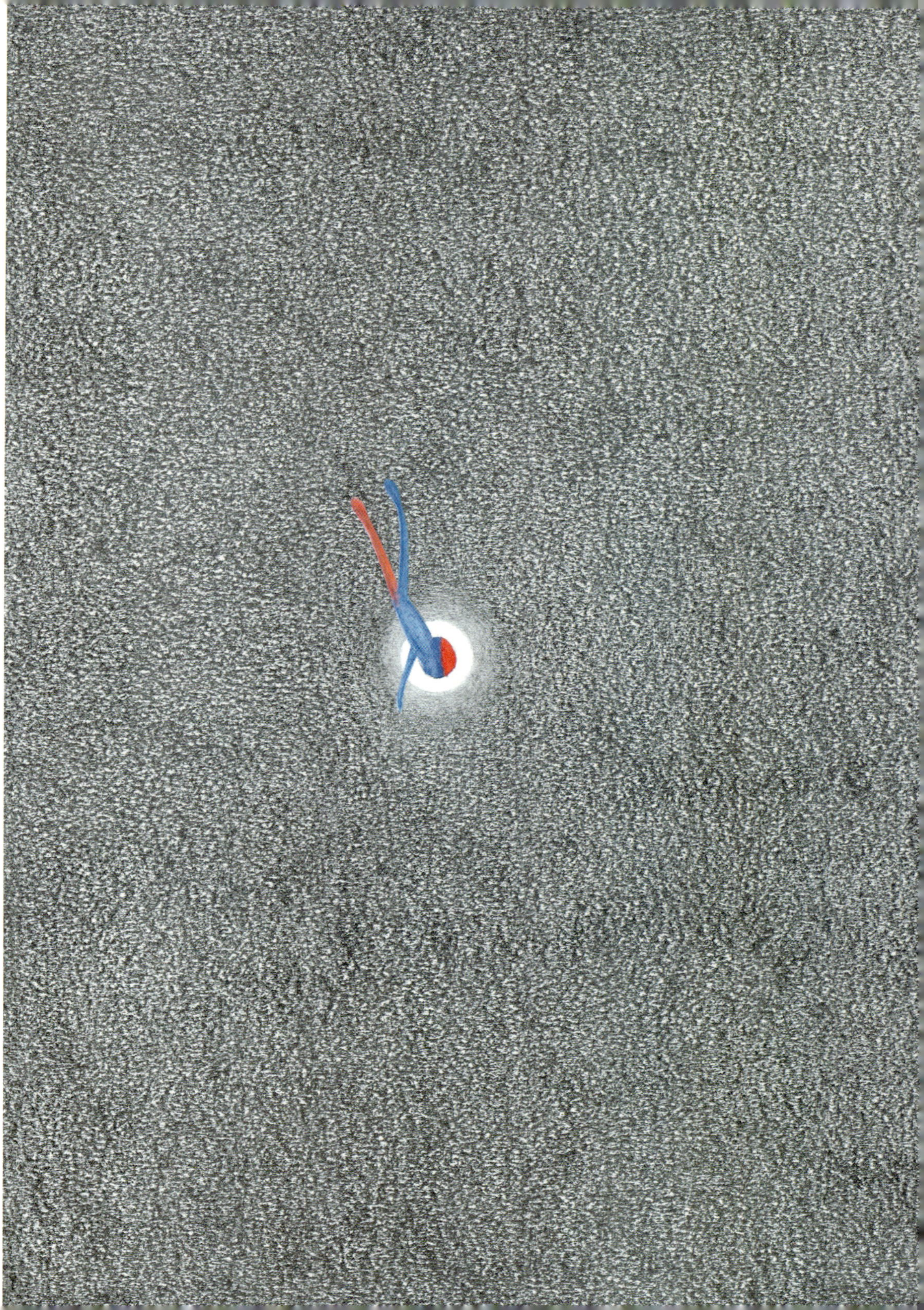

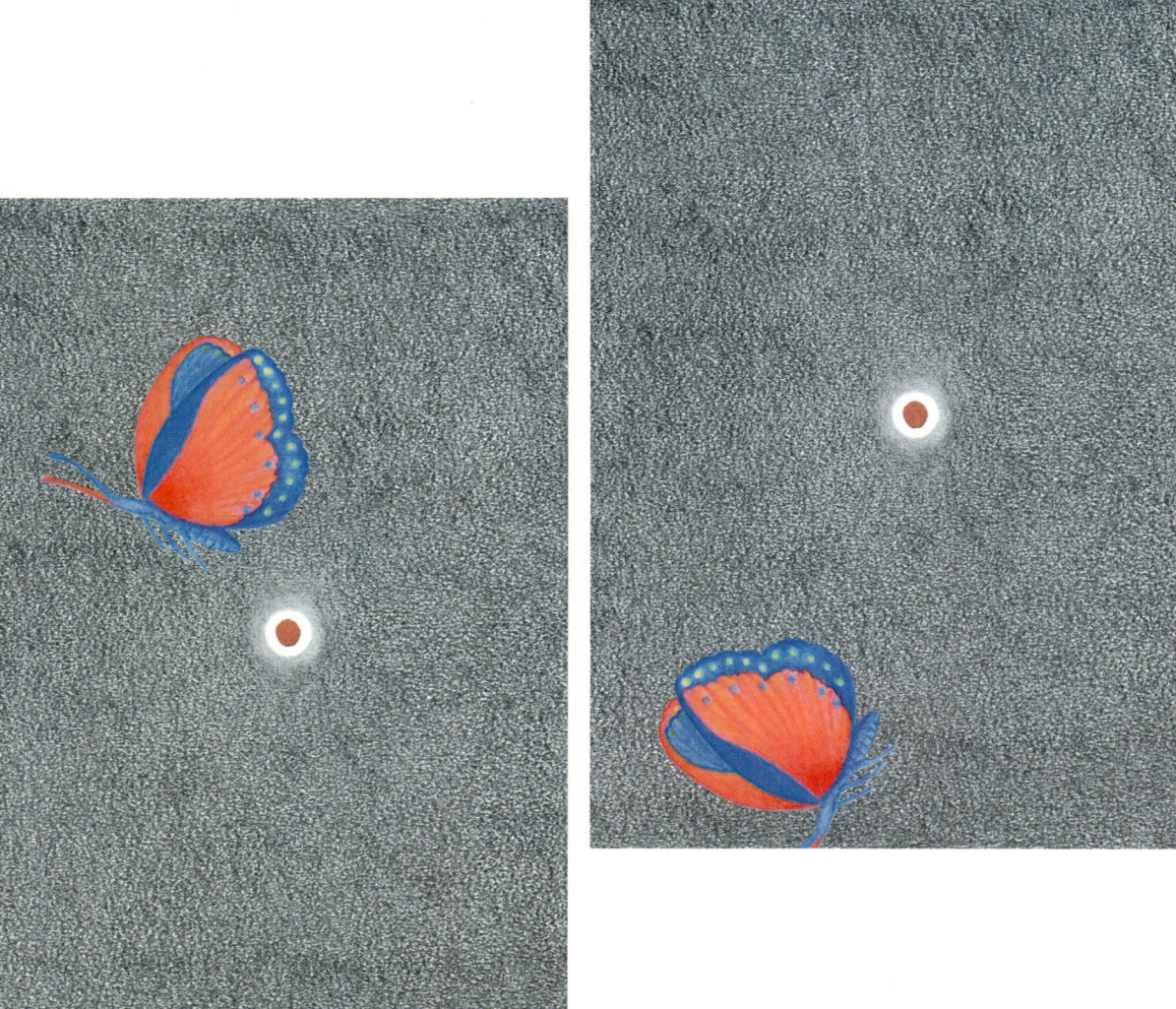

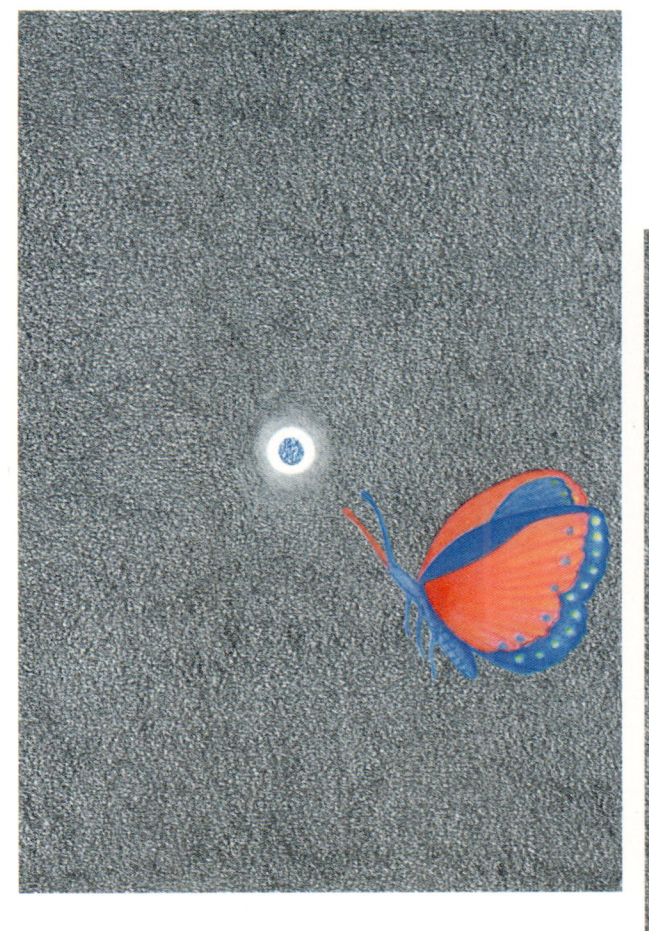
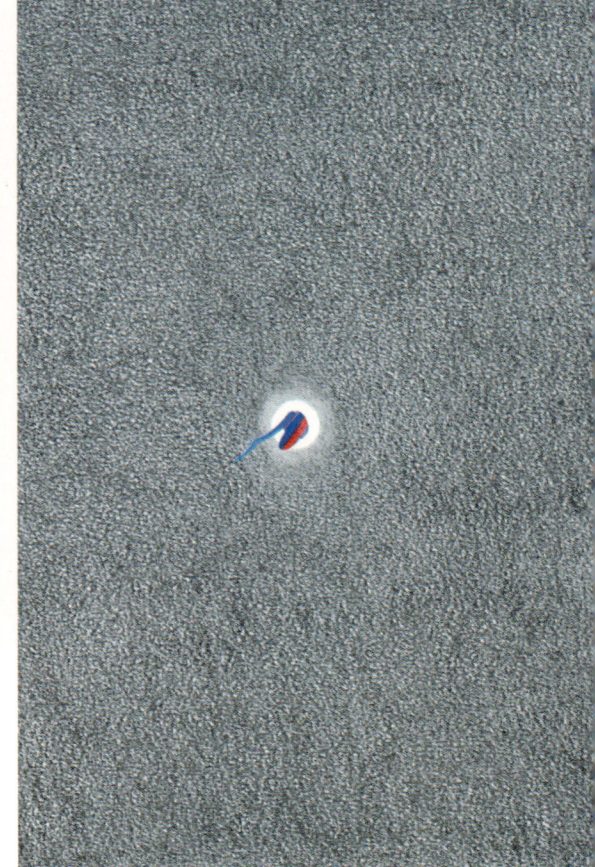

피터는 온종일 울적한 마음으로 지내다가 저녁 무렵 집을 나섰다.

으리를 닮은 나무를 만나고 싶었다.

그를 만나면 기분이 좋아질 것만 같았다.

피터는 오리를 닮은 나무가 살고 있는 숲 속으로 갔다. 이곳저곳을 살펴보아도 그는 보이지 않았고 오리의 발자국만 희미하게 남아 있었다. 빗방울이 떨어지기 시작했다.

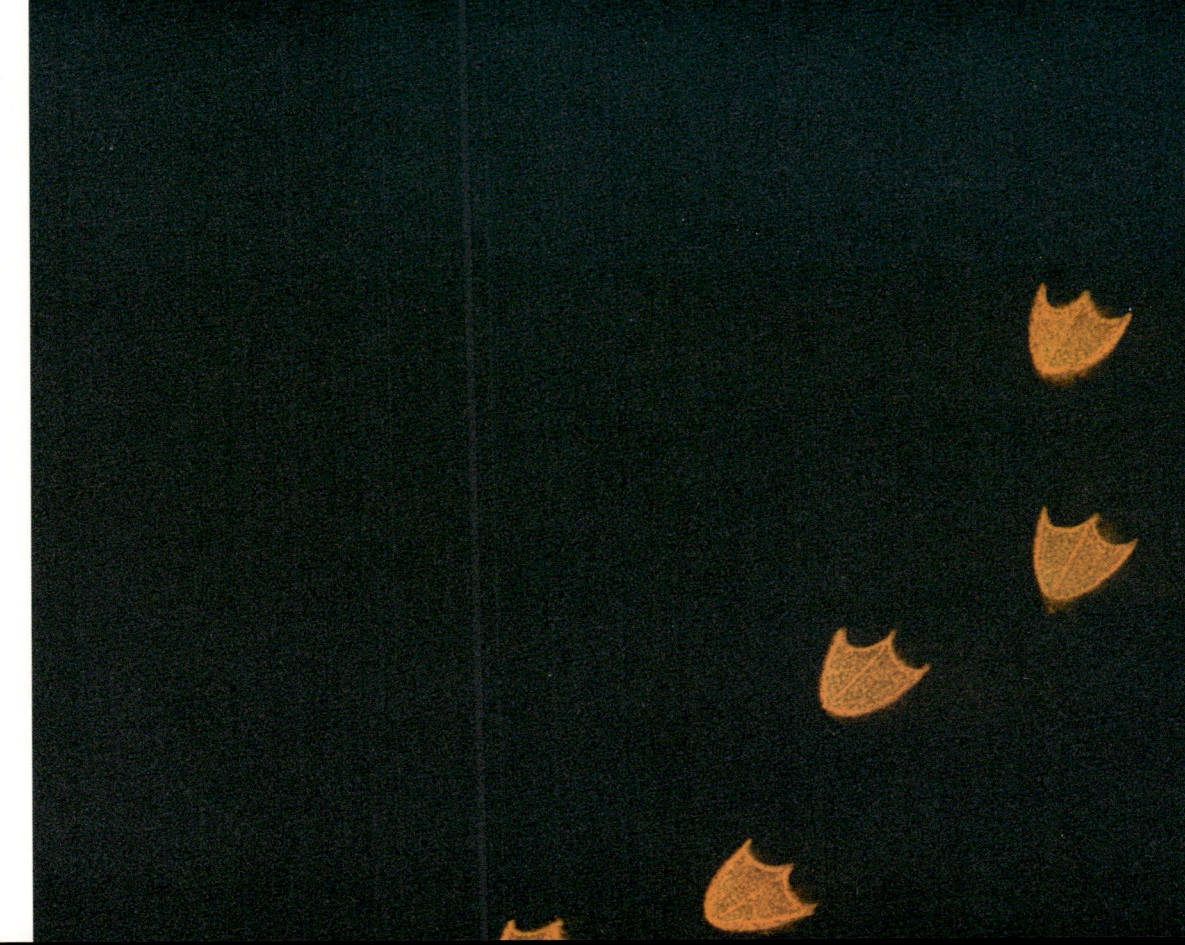

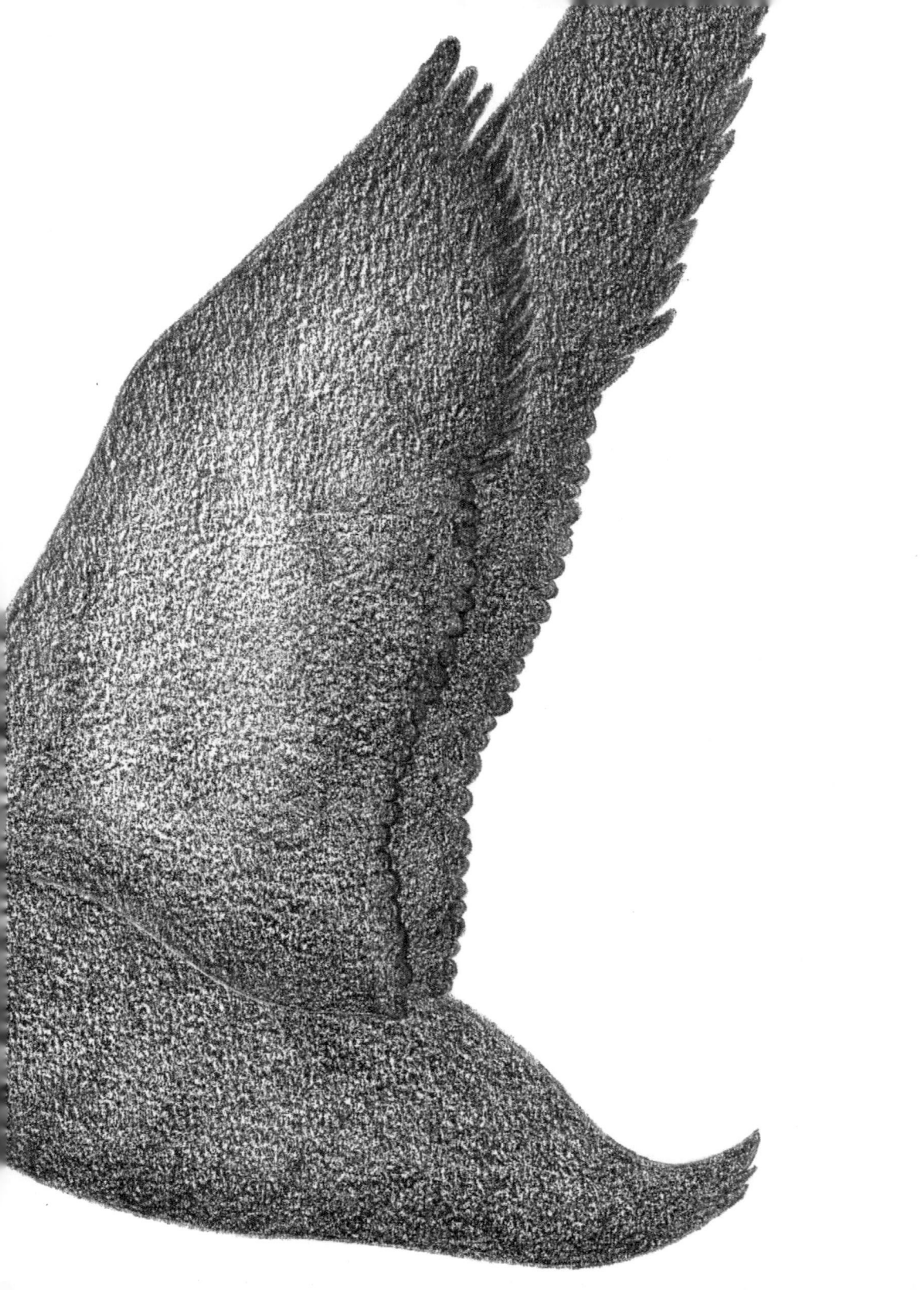

다음 날, 피터는 고사리가 피어 있는 숲 속으로 갔다.
피터가 나비의 더듬이처럼 생긴 고사리 꽃대 위에 내려앉으려 할 때, 무언가 아래쪽에서 꿈틀 움직였다.

기다란 꼬리 끝에 치명적인 독을 가진 전갈이었다.

피터가 소스라치게 놀라며 몸을 돌렸을 때 전갈이 소리쳤다.
"도망치지 마. 너를 해치지 않을 테니까."

피터는 일정한 거리를 두고 뒤를 돌아보았다.

전갈이 기다란 꼬리를 까닥거리며 낮은 목소리로 말했다.

"너도 내가 무섭니? 무서워하지 마. 내가 가진 독은 분별없이 남을 찌르기 위한 것이 아니라, 단지 나를 지키기 위한 거야."

전갈의 말에 피터가 어리둥절해하고 있을 때 전갈이 말을 이었다.

"나의 독은 나의 상징이야. 내게도 상징이 필요했기 때문에 꼬리 끝에 독을 만들어놓은 거라고. 세상으로부터 멸시당하지 않으려면 누구에게나 상징이 필요하거든. 나비 너도 쓸데없이 꽃하고 나무 좋은 일만 하지 말고 너를 지킬 수 있는 상징을 빨리 만들라고. 악어처럼 날카로운 이빨을 만들든지, 코뿔소처럼 강인한 뿔을 만들든지……. 너에게 상징이 없으면 세상이 너를 향해 제멋대로 발길질을 할 테니까……. 세상의 방식은 원래 그래. 하지만 상징이 너를 쓰러뜨릴 수 있다는 것도 잊지 말아야 해. 너의 약점은 너를 우습게 만들지만, 너의 상징은 너를 쓰러뜨릴 수도 있으니까."

전갈은 으스대며 말했다. 피터는 전갈의 말을 못 들은 체 외면했지만, 나의 상징은 진짜로 무엇일까 곰곰이 생각해보았다. 날개가 상징이 될 수 있을까 잠시 생각해보았지만 날개는 상징이 될 수 없었다. 날개 때문에 거미줄에 걸려 죽어가는 친구들을 피터는 수도 없이 보았기 때문이다. 상징이 너를 쓰러뜨릴 수 있다는 전갈의 말이 오랫동안 피터의 머릿속을 맴돌았다.

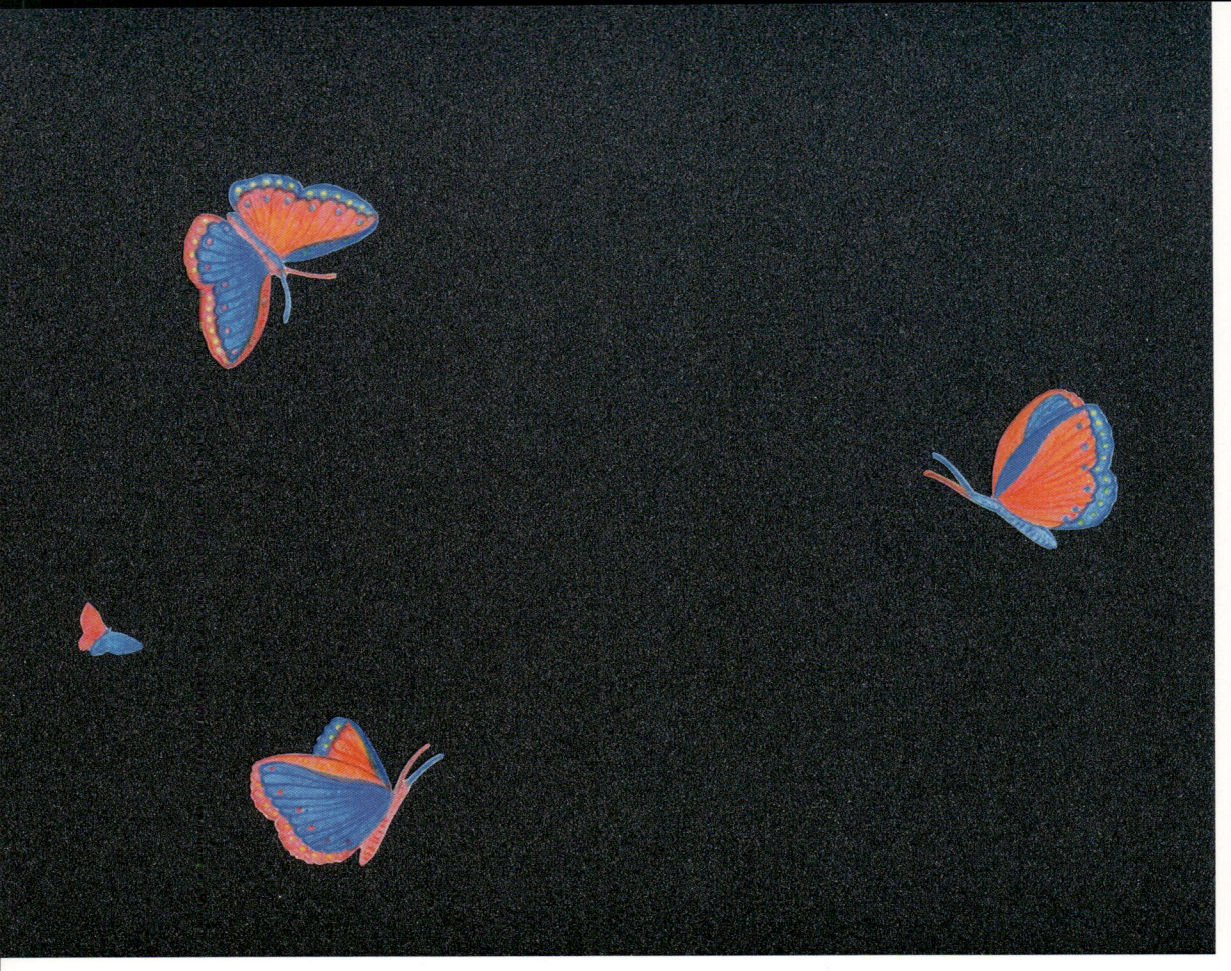

피터는 반쪽붉은나비 친구들하고만 놀았다.
하지만 반쪽붉은나비 친구들과 노는 것도 예전처럼 재밌지 않았다.

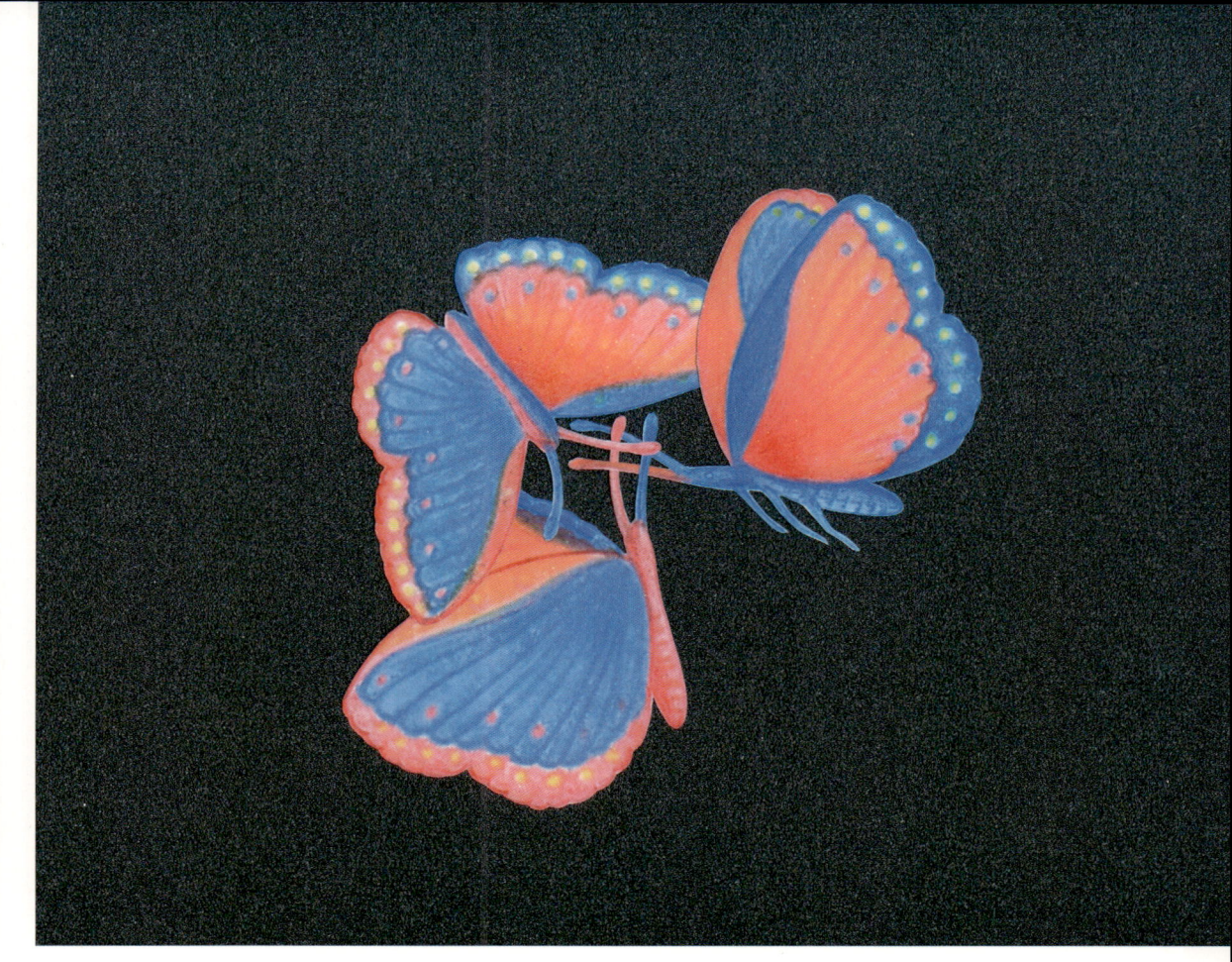

피터는 반쪽붉은나비 친구들과 싸움을 하기도 했다.

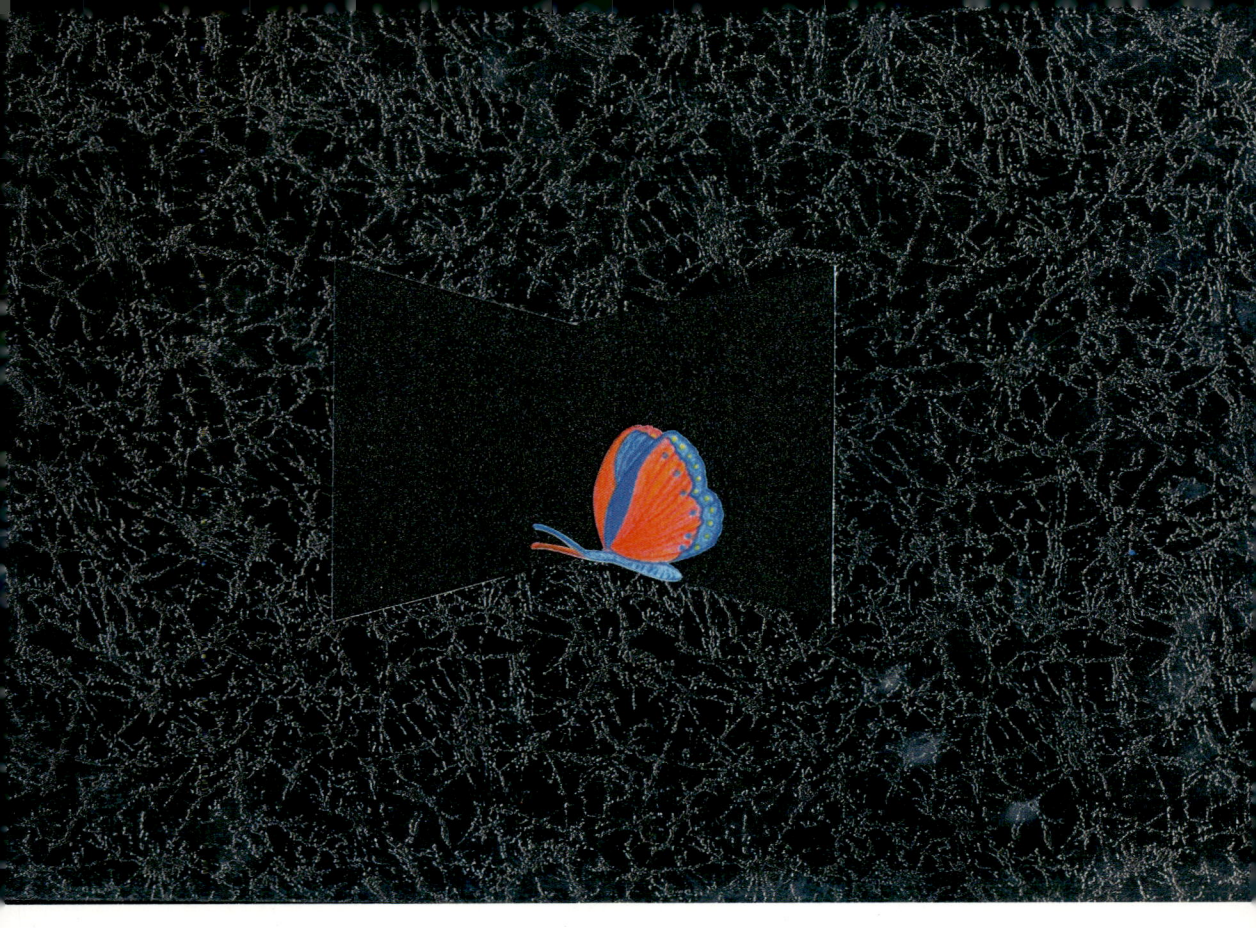

도무지 말이 통하지 않는다고, 아무도 만나지 않겠다고,
피터는 마음을 꽁꽁 싸맸다.

피터는 며칠 동안 집 안에만 있다가 헛헛한 마음을 채우려고 산에 올랐다.

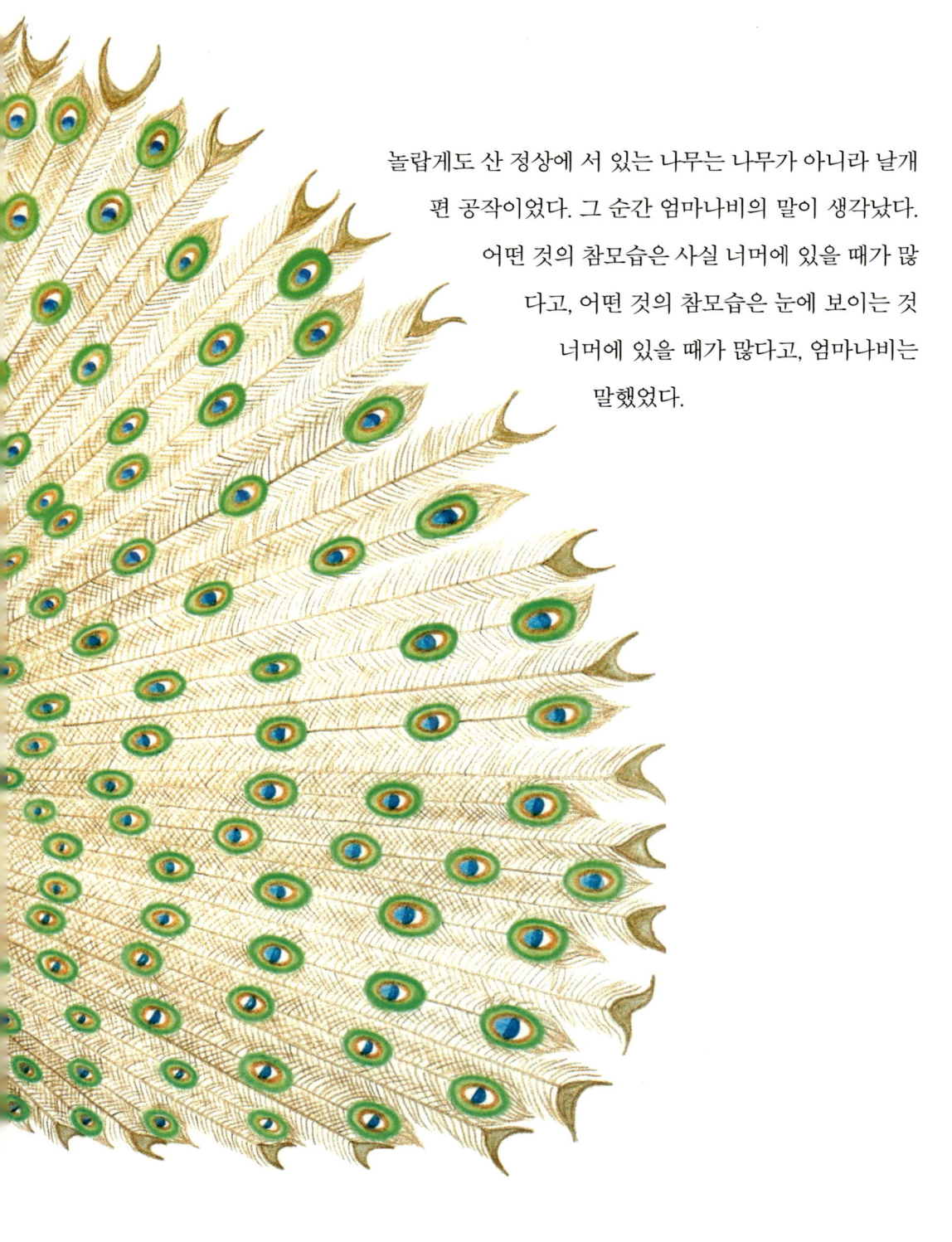

놀랍게도 산 정상에 서 있는 나무는 나무가 아니라 날개 편 공작이었다. 그 순간 엄마나비의 말이 생각났다. 어떤 것의 참모습은 사실 너머에 있을 때가 많다고, 어떤 것의 참모습은 눈에 보이는 것 너머에 있을 때가 많다고, 엄마나비는 말했었다.

어느 날 숲 속을 지나다가 피터는 무시무시한 사마귀를 만났다.

피터는 나뭇잎 뒤로 얼른 몸을 숨겼다. 바로 그때 사마귀의 늘쩡늘쩡한 목소리가 피터의 귓가로 들려왔다.

"숨어도 보이거든. 근데 걱정 마라. 나는 지금 배부르니까……. 내일 먹기 위해 너를 잡진 않을 거야."

피터가 두려워 떨고 있을 때, 소름 끼칠 정도로 위엄 있는 사마귀의 목소리가 다시 들려왔다.

"너도 알겠지만 나는 곤충의 왕이야. 나에겐 강인한 앞다리가 있으니까 아무것도 두려울 게 없어. 나의 앞다리가 곧 나의 권력이거든. 너도 알겠지만 세상엔 오직 이기는 자와 지는 자만 있을 뿐이야. 내 말 듣고 있니?"

피터는 몸을 숨긴 채 아무런 대답도 하지 않았다. 또다시 사마귀의 말소리가 들려왔다.

"내게 권력을 만들어준 건 도끼처럼 생긴 내 앞다리가 아냐. 뒤꽁무니에서만 나를 비난하는 너희들의 비겁함이 내게 권력을 만들어준 거라고. 너희들에게 이익이 없다면 너희들은 내게 권력을 만들어주지 않았어. 권력 없는 자들이 자신의 이익을 위해 권력을 만들어주고 권력의 지배를 받는 거니까……. 정말로 한심한 것들이지. 권력을 비판하며 진실을 들먹이는 자들도 있지만 그들 대부분은 진실과 거리가 멀어. 진실 같은 건 없어. 누구에게든 자신의 기준이 진실일 뿐이니까……."

사방은 고요했다. 사마귀는 하늘을 향해 도끼처럼 생긴 앞다리를 비벼대더니 마른침을 삼키고 나서 다시 말을 이었다.

"나비 너희들이 꽃잎에 내려앉을 때도 항상 날개를 접고 내려앉는 건 너희들이 나방과는 다르다는 것을 말하고 싶은 거잖아. 나방들은 앉을 때 언제나 날개를 펴고 앉으니까……. 자신이 남보다 우월하다고 생각하는 것, 그게 바로 권력이야. 너희들도 나와 별로 다를 게 없는 거지……. 그러니까 나를 원망하지 말라고."

피터는 수치스러웠지만 나뭇잎 뒤에 잠자코 숨어 있었다. 잠시 후 사마귀가 다른 숲으로 날아간 뒤에 피터는 나뭇잎 밖으로 나왔다. 피터의 수치스러운 마음은 좀처럼 가시지 않았다.

나비들이 꽃밭에 내려앉을 때
항상 날개를 접고 내려앉는 건,

항상 날개를 펴고 앉는 나방과 자신이 다르다는 것을 보여주기 위해서라고 사마귀는 말했다. 자신이 남보다 우월하다고 생각하는 게 '권력'이라고 했던 사마귀의 말이 자꾸만 피터의 머릿속을 맴돌았다. 어쩌면…… 나방은 단 한 번도 나비보다 아름답다는 말을 들어본 적이 없을지도 모른다고 피터는 생각했다. 왠지 마음이 무거웠다.

피터가 분홍나비를 처음 만난 곳은 노란 유채꽃이 피어 있는 들판이었다.

멀리 보이는 분홍나비는 눈을 감은 채 바람을 타고 있었다.

피터와 분홍나비는 서로 사랑하게 되었다.

하늘을 날고 있는 피터의 눈 아래로 들꽃이 만발한 들판이 보였다. 피터가 오색 빛 들판을 내려다보며 분홍나비에게 말했다.

"지금껏 살아오면서 들판의 꽃들이 오늘처럼 아름다웠던 적이 없었어. 단 한 번도……."

"꽃들이 정말 아름답다."

분홍나비도 환하게 웃으며 말했다. 잠시 뒤 피터가 분홍나비를 향해 말했다.

"건너편 숲 속에 살고 있는 키 큰 나무가 예전에 내게 말해주었어. 아무런 대가를 바라지 않고 줄 때 진실을 얻을 수 있다고……. 모두들 자신이 준 것만큼 받으려 하기 때문에 진실을 얻을 수 없는 거라고 키 큰 나무가 말했거든……. 그런데 대가를 바라지 않고 준다는 게 가능할까?"

"진심으로 좋아한다면 그럴 수 있을 거야."

분홍나비가 따뜻한 눈빛으로 피터에게 말했다. 피터는 고개를 끄덕였다. 피터는 날개를 팔랑거리며 들판을 내려다보았다. 들판 저 멀리 바쁘게 걸어가는 고슴도치가 보였다.

"저기 보이는 내 친구 고슴도치는 오래전부터 '기쁨'을 찾고 있거든. 아직도 못 찾았나 봐."

피터가 멀리 보이는 고슴도치를 가리키며 말했다.

"'기쁨'을 찾았는데 또 다른 '기쁨'을 찾고 있는지도 몰라. 아무리 큰 기쁨도 오래지 않아 평범한 일상이 되고 마니까……."

분홍나비가 말했다. 피터는 가만가만 고개를 끄덕였다.

분홍나비가 그리운 날은 분홍나비의 집 밖을 날아다니기도 했다.

푸른빛 가득한 새벽 숲 속을
분홍나비와 함께 날아다니기도 했다.

햇볕 따사로운 날, 피터는 분홍나비와 함께 소풍을 갔다.
나무 그림자를 지났고,

꽃들이 만발한 들판을 너울너울 날아다녔다.

무지개시냇물도 건넜다.

고래바위 동굴 앞에 앉아서
그들을 멀뚱히 바라보는 어린 판다를 만나기도 했다.

산 정상에 있는 고래바위를 바라보며 피터가 분홍나비에게 물었다.

"고래가 왜 산에서 사는 걸까? 고래는 바다에서 더 행복할 텐데."

"진짜 고래일까?"

"진짜 고래일 거야. 우리가 알고 있는 것과 다르다고 해서 모두 다 가짜가 아니라는 걸 오래전 내 친구 오리를 만나고 나서 알았어. 그때 나는 내 친구가 단지 오리를 닮은 나무인 줄로만 알았는데 진짜 오리였거든."

피터는 진지하게 말했다. 피터를 바라보며 분홍나비가 다시 말했다.

"진짜 고래라면 언젠가는 바다로 가겠지? 바다로 가야 할 때를 기다리는 고래라면 용기 있는 고래일 거야. 기다리는 일은 용기 있는 자만이 할 수 있는 거니까……. 침묵을 통해 우리가 무엇을 말해야 하는지를 알게 되는 것처럼, 기다림을 통해 우리는 무엇을 해야 하는지를 알게 된다고, 언젠가 키 작은 나무들이 내게 말해주었어."

분홍나비는 그렇게 말하고 나서 고래바위를 바라보았다.

"하지만 도무지 기다릴 수 없을 때도 있잖아. 누군가를…… 사랑하고 있을 때처럼……."

피터가 노을 진 하늘을 바라보며 용기를 내어 말했다. 그러자 피터를 잠시 바라보다가 분홍나비가 다시 말했다.

"사랑에 빠졌을 때 우리는 상대방을 사랑하고 있다고 확신하고 있지만, 실제로는 상대방을 사랑하는 게 아니라 자기 자신을 사랑하고 있을 때가 많대. 그렇지 않다면 사랑이 그렇게 변덕스러울 리 없잖아……."

분홍나비의 말에 피터는 몹시 혼란스러웠지만 더 이상 아무 말도 하지 않았다. 멀리서 판다 가족이 그들을 향해 손을 흔들고 있었다.

꽃잎 떨어지는 큰 나무 아래 앉아 피터가 분홍나비에게 말했다.

"바람은 왜 이렇게 나무를 흔들까? 아름다운 꽃들이 떨어지는 게 나는 싫은데. 꽃들이 떨어지면 따뜻한 시절도 가버리잖아."

"바람이 나무를 흔드는 게 아닐지도 모르잖아. 바람이 지나가는 길을 나무가 방해하고 있는 건지도 모르잖아. 모든 것들은 각자의 방식으로 생각할 뿐이니까……."

피터는 분홍나비의 말을 듣고 가만가만 고개를 끄덕였다. 잠시 뒤 분홍나비가 다시 말했다.

"바람이 사납게 불어도 나무가 불평하지 않는 건 소통의 비밀을 알고 있기 때문일 거야."

"소통의 비밀? 그게 뭔데?"

피터는 진지한 얼굴로 물었다.

"소통을 하겠다는 것은 내 것의 절반쯤은 상대에게 내어주겠다는 결심 같은 거야. 내 것의 절반을 포기했을 때 소통은 비로소 시작되는 거니까……. 내 것을 포기하지 않고는 상대방을 설득할 수 없거든……."

"무슨 말인지 잘 모르겠어. 더 쉽게 말해줘."

피터가 의아한 표정을 지으며 말했다. 피터를 바라보며 분홍나비가 다시 말했다.

"바람은 나무를 흔들기도 하고 때때로 나무를 쓰러뜨리기도 하지만, 나무는 바람이 있어서 자신의 씨앗을 널리 퍼뜨릴 수 있잖아. 그러니까 나무는 바람을 싫어할 수 없는 거지. 바람은 나무에게 슬픔을 주기도 하지만 기쁨을 주기도 하니까 바람과 나무는 소통할 수 있는 거야."

"그렇다면 나무는 바람에게 어떤 기쁨을 줄 수 있는데?"

피터는 의문에 가득 찬 얼굴로 물었다.

"나무가 있기 때문에 바람은 자신의 노랫소리를 들을 수 있는 거야. 나무가 없다면 바람은 자신의 목소리조차 들을 수 없을 테니까……. 나무가 있기 때문에 바람은 자신이 춤추는 모습도 볼 수 있는 거고……. 바람에 흔들리는 나뭇잎을 바라보며 나뭇잎이 춤을 춘다고 모두들 말하지만, 춤을 추는 건 나뭇잎이 아니라 바람이야. 바람이 없다면 나뭇잎은 흔들리지도 않을 테니까……."

분홍나비의 말을 듣고 피터는 환하게 웃었다. 나무와 바람은 서로에게 슬픔을 주기도 하지만 서로에게 행복을 주기도 하니까 소통할 수 있는 거라는 분홍나비의 말이 피터의 마음에 와 닿았다. 나 혼자만 행복하지 않고 상대에게도 행복을 줄 수 있을 때 소통은 비로소 시작될 수 있다는 분홍나비의 말을 피터는 마음에 새겨두었다. 소통하겠다는 것은 '생각의 차이'를 인정하는 거라고 했던 숲 속 오리의 말도 생각났다.

피터가 분홍나비와 함께 밤하늘을 날고 있을 때였다.

"저것 좀 봐!"

피터가 먼 곳을 가리키며 놀란 눈빛으로 분홍나비에게 말했다.

"와! 산타다."

분홍나비도 놀란 눈빛으로 말했다.

"산타가 담장을 넘어오는 걸까, 아니면 넘어가는 걸까?"

피터가 분홍나비에게 물었다.

"담장을 넘어오는 것 같은데……. 담장 밖에 있는 누군가를 올려주려고 산타가 왼쪽 팔을 아래쪽으로 뻗고 있잖아."

"정말 그러네……. 담장 밖에 있는 건 누굴까?"

"글쎄……."

담장 밖에 있었던 건 루돌프였다.
산타와 루돌프는 진지한 얼굴로 주의를 살피고 있었다.

잠시 후, 피터가 탄성을 질렀다.
"저것 좀 봐! 산타와 루돌프가 하늘을 날고 있어."
밤하늘을 날고 있는 산타와 루돌프를 바라보며 피터와 분홍나비는 입을 다물지 못했다.
"근데 좀 이상해. 루돌프가 썰매를 끌어야 하는데 산타가 썰매를 끌고 있잖아."
피터가 어리둥절한 표정을 지으며 분홍나비에게 물었다.
"정말 그러네……. 산타가 썰매를 끌고 있네……."
피터의 말에 분홍나비도 이상하다는 듯 고개를 갸우뚱거렸다.

"루돌프가 힘들까 봐 산타가 대신 썰매를 끌어주는 건가?"
피터가 미심쩍은 목소리로 분홍나비에게 물었다.
"그럴지도 모르겠다. 온종일 썰매를 끌었으니 루돌프가 많이 힘들었을 거야. 저 산타는 마음씨가 참 좋은가 봐."
분홍나비는 환하게 웃으며 말했다. 피터도 환하게 웃으며 밤하늘을 바라보고 있었다. 피터는 문득, 분홍나비가 했던 말이 생각났다. 소통을 하겠다는 것은 내 것의 절반쯤은 상대에게 내어주겠다는 결심 같은 거라고 분홍나비는 말했었다. 소통의 비밀은 '배려'라고 분홍나비는 말했었다.

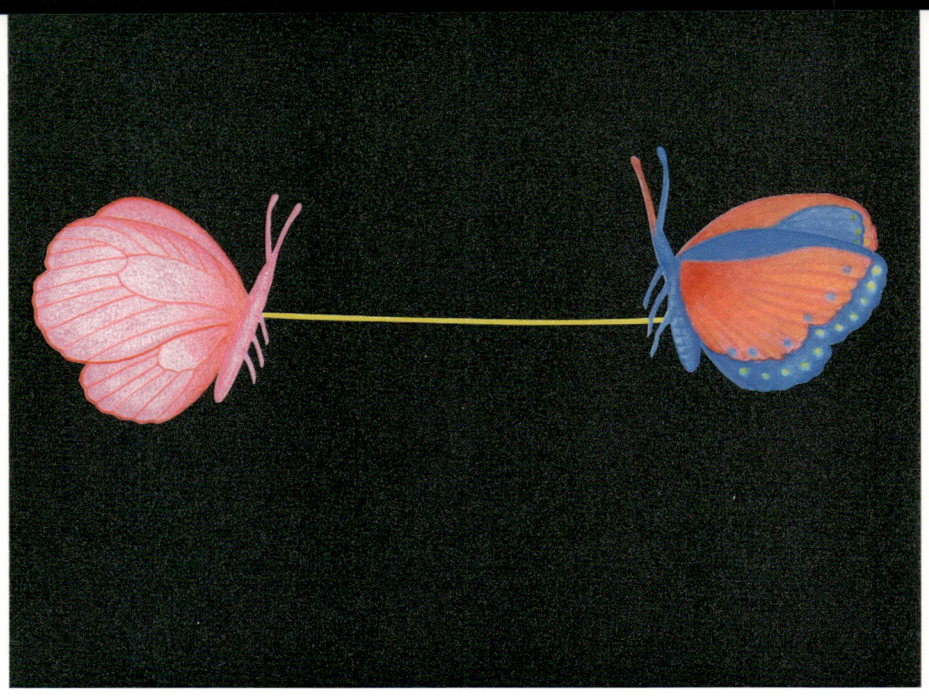

서로에게 익숙해질 무렵부터 피터와 분홍나비는 싸움을 하기도 했다.

싸움을 하며 서로에게 깊은 상처를 주기도 했다.

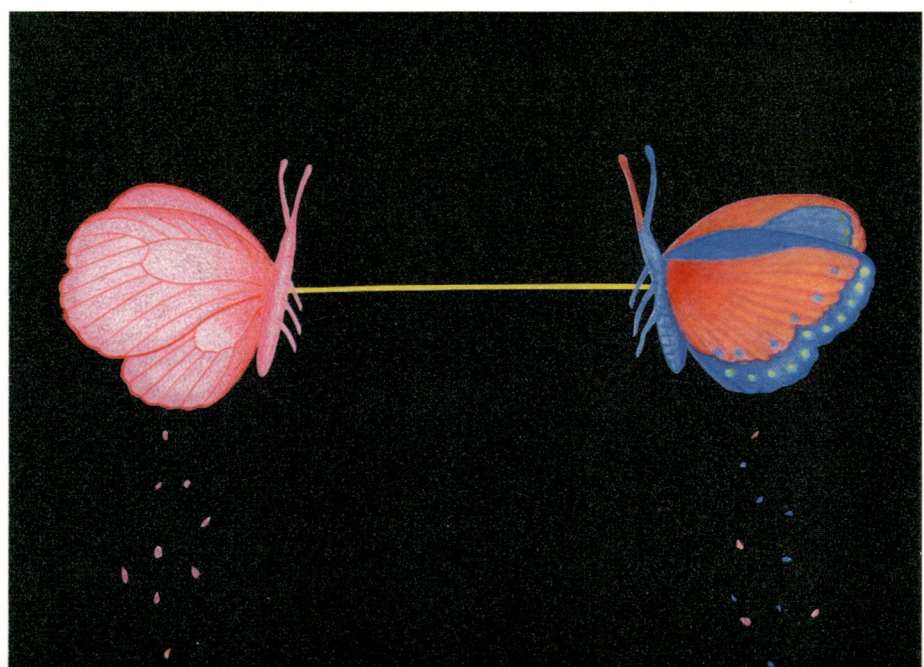

　시간이 흘러 분홍나비를 다시 볼 수 없게 되었을 때 피터의 마음은 몹시 아팠다. 오래전, 엄마나비가 해주었던 말이 생각났다. 사랑에 빠졌을 때, 사랑이 무엇인지 알 것 같다고 모두들 말하지만, 사랑에 빠졌다는 말은 자신이 만든 환상에 빠졌다는 말이기도 해서, 환상이 환멸이 되는 순간 사랑은 지옥이 되기도 한다고 엄마나비는 말했었다. 사랑에 대한 환상이 깨지고 더 이상 그가 많이 그립지 않을 때 사랑은 시작될지도 모른다고 엄마나비는 말했었다. 피터는 분홍나비가 보고 싶었다.

분홍나비와 함께 갔던 곳을 지날 때면
피터는 분홍나비가 더욱 그리웠다.
분홍나비를 더 많이 이해하지 못하고
배려하지 못했던 지난날이 피터는 몹시 후회됐다.

밤하늘 가득 초록별들이 반짝이고 있었다. 피터는 밤길을 가다가 파란토끼를 만났다. 파란토끼가 놀란 눈빛으로 피터에게 물었다.

"너는 나비인데 왜 밤에 돌아다니니?"

"밤이 되면 낮보다 더 많은 것들을 볼 수 있어서."

"낮보다 밤에 더 많은 것들을 볼 수 있다고? 올빼미나 박쥐나 나방은 낮보다 밤에 더 많은 걸 볼 수 있지만 나비 너는 걔네들과 다르잖아."

파란토끼는 눈을 동그랗게 뜨고 피터에게 물었다. 피터는 잠시 생각에 잠겨 있다가 또렷한 목소리로 말했다.

"낮에는 밤보다 더 많은 것들이 보이지만 단순히 보이는 게 많을 뿐이야. 보는 것과 보이는 것은 많이 다른 거잖아. 밤은 낮보다 아름다운 색을 가지고 있어. 꽃도 나무도 강물도 하늘도 바람까지도 밤에 더 아름답거든……. 그래서 나는 밤이 더 좋아."

파란토끼는 피터를 멀뚱히 바라보았다. 피터가 다시 말했다.

"나는 내가 원하는 방식대로 살아갈 거야. 모두들 자신이 원하는 방식대로 살아간다고 확신하고 있지만 실제로는 자신이 아닌 누군가가 원하는 방식대로 살아갈 때가 많잖아. 파란토끼 너도 그렇지 않니?"

피터는 조심스럽게 물었다. 파란토끼의 시선이 피터와 밤하늘 사이를 잠시 오갔다. 파란토끼가 말했다.

"누구든 자신이 원하는 방식대로만 살 순 없어. 겨울이 오면 눈 내린 산길에 발자국을 남길 수밖에 없는 나는 눈이 내리면 모든 걸 조심해야 하거든. 내가 원하는 방식대로만 살면 늑대나 여우의 공격을 받을 수도 있어."

잠시 생각에 잠겨 있던 피터가 파란토끼를 향해 말했다.

"그건 어쩔 수 없는 특수한 상황이잖아. 내가 한 말은 그것과 조금 다른 거라고 생각해."

파란토끼는 답답한 듯 숨을 길게 내쉬었다. 잠시 후 파란토끼가 피터에게 물었다.

"네가 원하는 삶이 어떤 건데?"

"존중받고 싶어. 세상은 힘없는 자들을 무시하잖아."

"힘 있는 자들이 세상을 움직인다고 생각하니?"

"……."

피터는 아무 말도 하지 않았다. 피터를 바라보며 파란토끼가 진지한 얼굴로 말했다.

"세상이 어둠 속에서 한 걸음씩 걸어올 수 있었던 건 낮은 곳에서도 진심을 다해 자신의 삶을 살았던 자들이 있었기 때문이야. 들녘에 피어 있는 벼꽃들을 봐. 눈여겨봐주는 이 아무도 없지만 많은 이의 양식이 될 소중한 열매를 맺잖아."

피터는 아무 말도 하지 않았지만 파란토끼의 말이 무슨 뜻인지 알 것 같았다. 잠시 후 피터가 말했다.

"세상엔 거짓이 너무 많아."

"진실을 위해 묵묵히 노력하는 자들도 있어. 자신의 모습을 비웃는 자들이 있어도 실망하지 않고 '기쁨'을 찾아다니는 고슴도치도 있고……. 그리고 누군가를 향해 진실하다고 혹은 거짓되다고 함부로 말해서는 안 돼. 자신과 생각이 같으면 '진실'이라 말하고, 자신과 생각이 다르면 '거짓'이라 말하는 게 우리의 모습이잖아."

파란토끼는 차분한 목소리로 말했다. 피터는 파란토끼의 말을 곰곰이 생각해보았다. 잠시 후 피터가 시무룩한 얼굴로 말했다.

"사슴이 어째서 바람이 불어오는 방향으로 얼굴을 두고 자야 하는지 사자는 모를 거야……. 갈수록 세상을 못 믿겠어."

피터의 얼굴에 슬픔이 가득했다. 파란토끼가 온화한 눈빛으로 피터를 바라보며 말했다.

"세상에 대한 믿음을 버리지 마. 세상에 믿을 자가 아무도 없다고 네가 말하는 순간 세상도 너를 믿지 않을 거야."

잠시 침묵이 흘렀다. 피터가 파란토끼를 향해 말했다.

"앞날을 생각하면 마음이 불안해. 나조차 이해할 수 없는 행동을 할 때도 있거든……."

피터의 목소리에 쓸쓸함이 가득했다. 파란토끼가 위로하듯 피터에게 말했다.

"너조차 이해할 수 없는 행동을 하는 건 네 마음속에 있는 상처 때문일 거야. 지난날의 상처는 우리도 모르게 우리를 조종하니까."

피터는 파란토끼의 말을 곰곰이 생각해보았다. 파란토끼의 말이 무슨 뜻인지 알 것 같았다. 하지만 누구든지 자신의 생각대로만 살 수 없다는 파란토끼의 말이 피터는 여전히 못마땅했다. 바로 그때 파란토끼가 피터를 향해 말했다.

"앞날에 대한 불안이 너만의 문제는 아냐. 모두가 불안을 느끼며 살아가고 있어. 힘센 자들은 더 힘센 자들에게 쫓기며 늘 불안하거든."

시무룩한 표정을 지었을 뿐 피터는 아무 말도 하지 않았다.

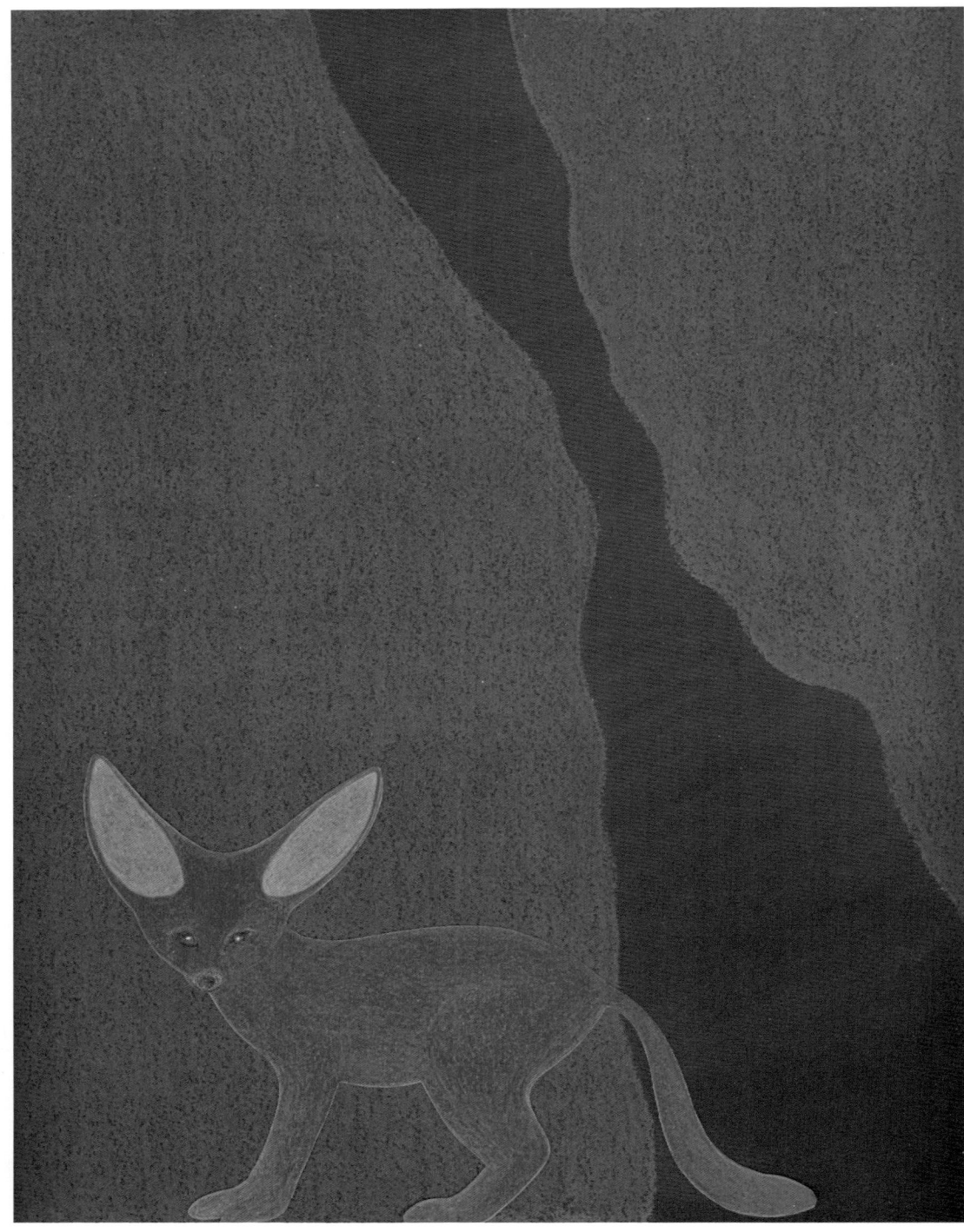

잠시 후 파란토끼가 진지한 표정으로 다시 말했다.

"우리를 쫓고 있는 여우 또한 자신의 방식대로만 살아갈 순 없어. 여우를 쫓는 것들 때문에 여우도 굴 속에 숨어 지내야 할 때가 있거든……. 나비 네 생각처럼 자신이 원하는 방식대로만 사는 게 언제나 기쁜 일만은 아닐 거야. 우리를 기쁘게 한 것들은 우리를 슬프게 할 수도 있으니까."

파란토끼의 말을 이해할 수 있었지만 피터는 고개를 저으며 말했다.

"그래도 나는 내가 원하는 방식대로 살아갈 거야. 내가 원하는 방식대로 살지 않는 건 나를 속이는 일이잖아."

"네가 원하는 방식대로만 살아가는 것 또한 너를 속이는 일이야. 누구나 그렇듯, 너의 마음속에도 나비만 살고 있는 게 아니라 나비보다 사나운 것이 함께 살고 있을 테니까."

파란토끼의 말에 피터는 머뭇거렸다.

잠시 후 파란토끼가 따뜻한 눈빛으로 피터를 바라보며 말했다.

"내 친구 중엔 눈이 내리면 나무 위로 올라가는 판다가 있어. 내 친구 판다는 눈이 그치고 눈이 녹아 땅이 보일 때까진 절대로 나무를 내려오지 않아."

"왜지?"

"눈 위에 찍어놓은 자신의 발자국이 두려워서……. 내 친구 판다를 잡으려고 판다의 발자국을 따라오는 것들이 너무 많거든."

"아무리 두려워도 배고프면 판다가 나무를 내려와야 하잖아."

"눈이 녹아서 땅이 보일 때까진 아무리 배고파도 안 내려와."

"판다를 이해할 수 없어."

"우리는 기껏해야 우리가 이해할 수 있는 것만 이해할 뿐이야. 우리와 생각이 다른 것들은 도무지 이해하려고 하지 않으니까……. 판다의 마음속 상처를 알지 못하면서 판다를 이해할 수 없다고 말할 순 없잖아. 세상의 폭력이 판다를 그렇게 만든 거야. 몇 해 전 겨울, 내 친구 판다는 자신의 어린 새끼들을 모두 잃었어. 판다가 새끼들을 위해 먹이를 구하러 나간 사이, 눈 위에 찍어놓은 판다의 발자국을 쫓아 동굴까지 따라온 자들이 판다의 어린 새끼들을 모조리 잡아갔거든. 그해 겨울부터 판다는 눈이 내리면 나무 위로 올라가는 거야. 자신의 발자국을 눈 위에 남기지 않으려고……. 판다의 이상한 행동은 판다가 만든 게 아니라 판다의 상처가 만든 거잖아……."

피터는 '나도 그 판다를 본 적 있어'라고 말하고 싶었지만 아무 말도 하지 않았다.

파란토끼는 잠시 후 어둠 속으로 사라졌다. 피터는 밤하늘을 바라보았다. 우리를 기쁘게 한 것들은 우리를 슬프게 할 수도 있다는 파란토끼의 말을 떠올릴 때마다 분홍나비가 생각났다. 판다의 이상한 행동은 판다가 만든 게 아니라 판다의 상처가 만든 거라는 파란토끼의 말도 자꾸만 피터의 머릿속을 맴돌았다. 밤하늘 가득 초록별들이 지나가고 있었다.

피터는 오래전 친구였던 파란나비를 만나고 싶었다. 햇볕 따사로운 날, 피터는 친구를 찾아 나섰다. 언덕 위를 날아다니며 파란나비들이 햇볕을 쪼이고 있었다. 마음속에 피어 있는 꽃을 따 먹었다고, 피터를 놀리고 따돌렸던 파란나비들도 무리에 섞여 있었다.

파란나비 무리 속을 아무리 찾아보아도 친구는 보이지 않았다.
피터는 친구를 찾으려고 바로 옆에 있는 파란나비 동굴 속으로 들어갔다.

　동굴 속 더 깊은 곳으로 들어가다가 피터는 두 눈이 휘둥그레졌다. 피터는 동굴 한쪽으로 얼른 몸을 숨겼다. 어둠 속에 나비 한 마리가 보였다. 양쪽 날개 모두가 붉은색인 양쪽붉은나비였다. 마음속에 피어 있는 꽃들을 여러 차례 따 먹은 탓에 양쪽 날개 모두가 붉게 변한 나비인 것 같았다.

양쪽붉은나비는 어둠 속에서 파란색 날개를 벗고 있었다.

파란색 날개는 아무도 모르게 자신의 모습을 감출 수 있는 가짜 날개였다.

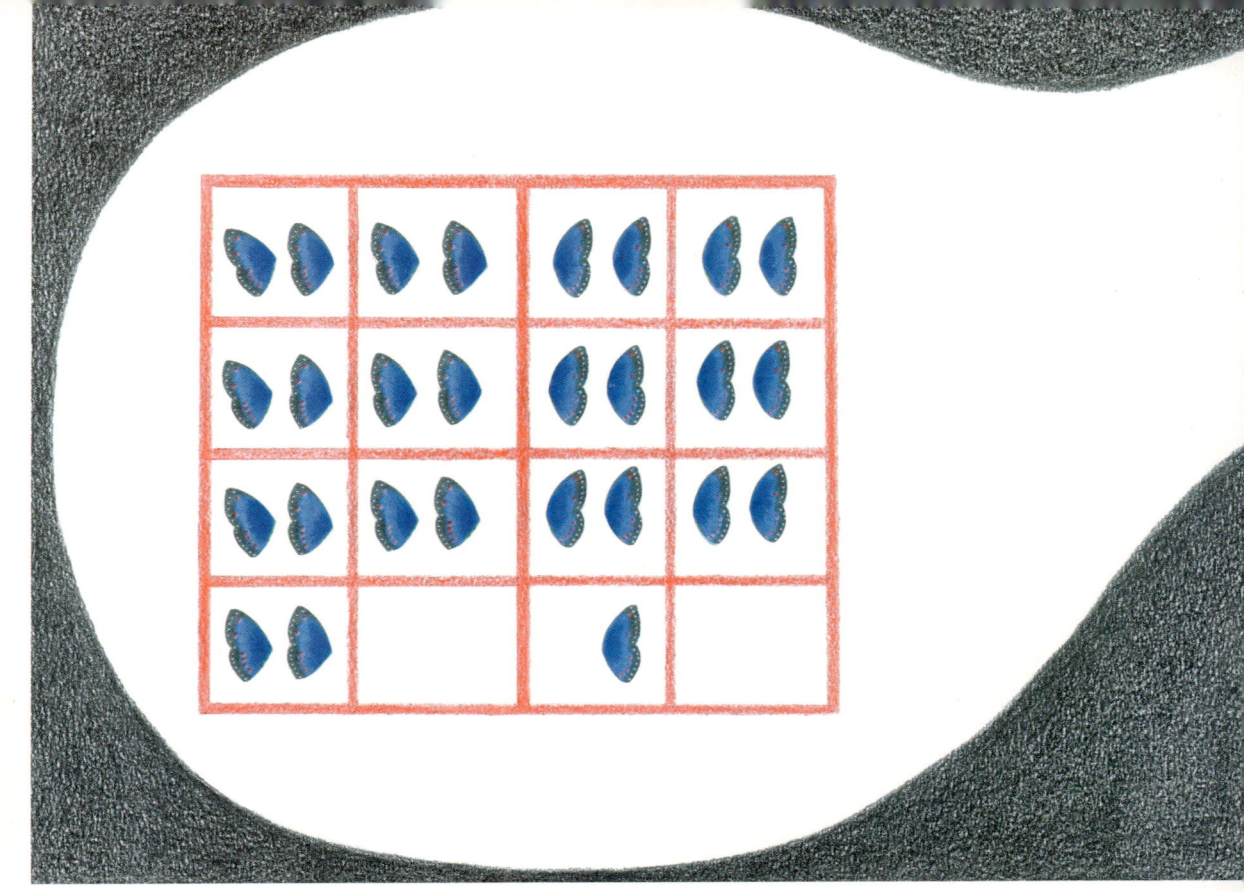

　가까이 보이는 동굴 벽면에는 가짜 날개들이 빼곡히 걸려 있었다. 어둠 속이라 희미했지만, 가짜 날개를 벗고 있는 양쪽붉은나비는 어쩌면 친구였을지도 몰랐다. 동굴 속 기이한 광경을 보는 순간, 세상이 가면을 쓰고 있으니까 우리에게도 가면이 필요한 거라고 말했던 표범나비가 생각났다. 피터는 마음이 몹시 아팠다. 그 후로도 오랫동안 피터의 아픔은 지워지지 않았다.

해질녘 노을 속을 날아보아도
피터는 예전처럼 마음이 고요해지지 않았다.

바람에 날리는 꽃잎 속을 날아보아도
피터의 마음은 예전처럼 환해지지 않았다.

밤하늘의 별빛도 눈에 어지러웠다.

다시는 헤어나지 못할 미궁 속으로 점점 빠져드는 것만 같았다.
그 후로도 오랫동안 피터의 마음은 혼란스러웠다.

햇볕 쨍쨍한 날, 피터는 고래바위 동굴 앞에 앉아 울고 있는 어미판다를 보았다.
피터는 판다에게로 다가가 무슨 말이든 해주고 싶었지만 아무 말도 할 수 없었다.
해가 지고 늦은 밤이 되어도 어미판다는 울음을 멈추지 않았다.

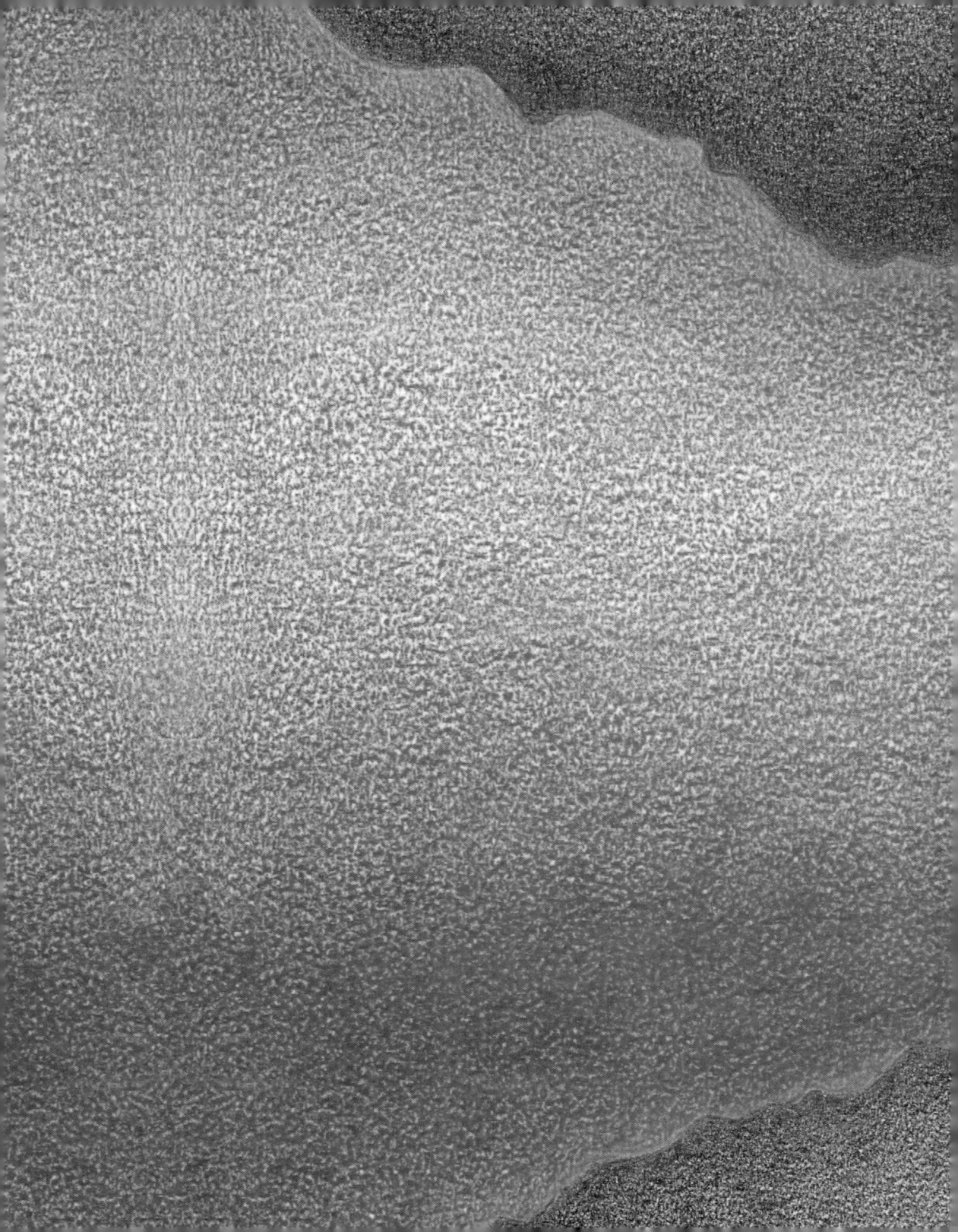

어느 날 숲길에서 피터는 사마귀를 만났다. 예전에 만났던 사마귀였다. 피터는 무서웠지만 예전처럼 몸을 숨기지 않았다. 사마귀는 피터를 향해 단호한 목소리로 말했다.

"어서 빨리 도망쳐! 이번엔 너를 잡아먹을지도 모르니까. 나를 믿지 말라고. 배고프면 언제든 너를 잡아먹을 수 있거든. 권력을 가진 자들은 남을 속이기도 하지만 아무렇지도 않게 자신을 속일 수 있으니까."

피터가 겁먹은 얼굴로 몸을 돌렸을 때, 사마귀는 공중을 향해 푸드덕 날아올랐다.

사마귀가 허공에 매달린 채 파닥거렸다. 스스로를 왕이라고 말했던 사마귀가 거미줄에 걸린 채 바동거리고 있었다. 사마귀는 거미줄에서 빠져나오려고 발버둥쳤다. 도끼 같은 앞다리로 거미줄을 힘차게 내리쳤지만 거미줄은 끊어지지 않았고 다리에 감길 뿐이었다. 사투를 벌이던 사마귀는 잠시 뒤 힘이 빠진 듯 움직이지 않았다. 사마귀를 조심스럽게 살피던 거미가 한 걸음 한 걸음 사마귀를 향해 다가왔다.

거미가 더 가까이 다가왔을 때였다. 사마귀는 순식간에 몸을 비틀어 거미를 덮쳤다. 사마귀의 속임수에 거미가 당한 것이었다. 거미는 사마귀의 커다란 앞발에 꼼짝없이 잡히고 말았다. 사마귀는 거미를 움켜쥐고 게걸스럽게 뜯어먹었다.

사마귀는 거미를 먹어치웠지만 거미줄을 빠져나올 수는 없었다. 사마귀는 거미를 이길 수 있었지만 거미줄을 이길 수는 없었다. 배고픈 사마귀는 거미줄을 향해 먹이라도 날아와주길 바랬지만 아무것도 날아오지 않았다. 곤충의 왕 사마귀는 거미줄에 매달린 채 죽어갔다.

죽어가는 사마귀 눈동자 속으로 별빛이 지나갔다.

피터는 그 섬뜩한 광경을 지켜보며 사마귀가 했던 말을 생각했다.

세상엔 오직 이기는 자와 지는 자가 있을 뿐이라고 사마귀는 말했었다.

며칠 동안 함박눈이 내렸다.
피터가 숲 속을 지나는데 눈 속을 헤치며 마른 풀을 찾고 있는 파란토끼가 멀리 보였다. 피터는 말없이 그곳을 지나쳤다.

그곳에서 그리 멀지 않은 들판에서 여우도 만났다.
눈발을 헤치고 걸어가는 여우의 발걸음이 몹시 지쳐 보였다.

눈이 그치고 며칠 뒤, 피터는 숲을 지나다가 나뭇가지 위에 엎드려 있는 판다를 만났다. 피터는 판다에게 다가가 작은 목소리로 판다를 불렀다.

"판다야……."

판다는 꼼짝하지 않았다. 피터는 조심스럽게 다시 말을 건넸다.

"판다야, 이제 그만 나무에서 내려와도 돼. 무지개시냇물 건너편 양지 쪽엔 눈이 거의 다 녹았거든."

판다는 그제야 슬그머니 머리를 들었다. 판다는 텅 빈 눈빛으로 피터를 잠시 바라보더니 느릿느릿 나무를 내려오기 시작했다. 판다는 추위와 배고픔으로 몹시 지쳐 있었다. 피터가 조심스럽게 물었다.

"며칠 동안이나 나무 위에 있었니?"

"'영원의 시간' 동안……."

"'영원의 시간'……? 그게 얼마큼의 시간인데?"

"누군가를 사무치게 그리워해본 자만이 느낄 수 있는 시간이지. 가엾은 내 새끼들……."

판다는 눈물을 글썽이며 말했다. 잠시 후 판다가 다시 말했다.

"세상을 쉽게 믿지 마. 누군가에게 너의 비밀을 말하지도 말고. 네가 한 말이나 행동이 너를 쓰러뜨릴 낭떠러지가 될 수도 있으니까……. 달은 달의 뒷면에 무엇이 살고 있는지 아무에게도 말하지 않잖아. 달의 비밀을 아는 순간 모두들 달을 떠나버린다는 걸 달은 알고 있는 거야. 세상은 너무 변덕스럽거든……."

판다는 그렇게 말하고는 무지개시냇물이 있는 쪽을 향해 걸어갔다. 금세라도 쓰러질 듯 판다의 뒷모습이 위태로워 보였다.

　　마음 아픈 날이면 피터는 엄마나비를 생각했다. 나를 버리면 더 많은 것들을 볼 수 있다고 엄마나비는 말했었다. 마음으로 바라보면 더 많은 것들을 볼 수 있다고 엄마나비는 말했었다. 달빛이 보이는 동그란 유리창 밖을 가리키며, 무심히 바라보면 산과 강과 달과 빌딩이 보일 뿐이지만.

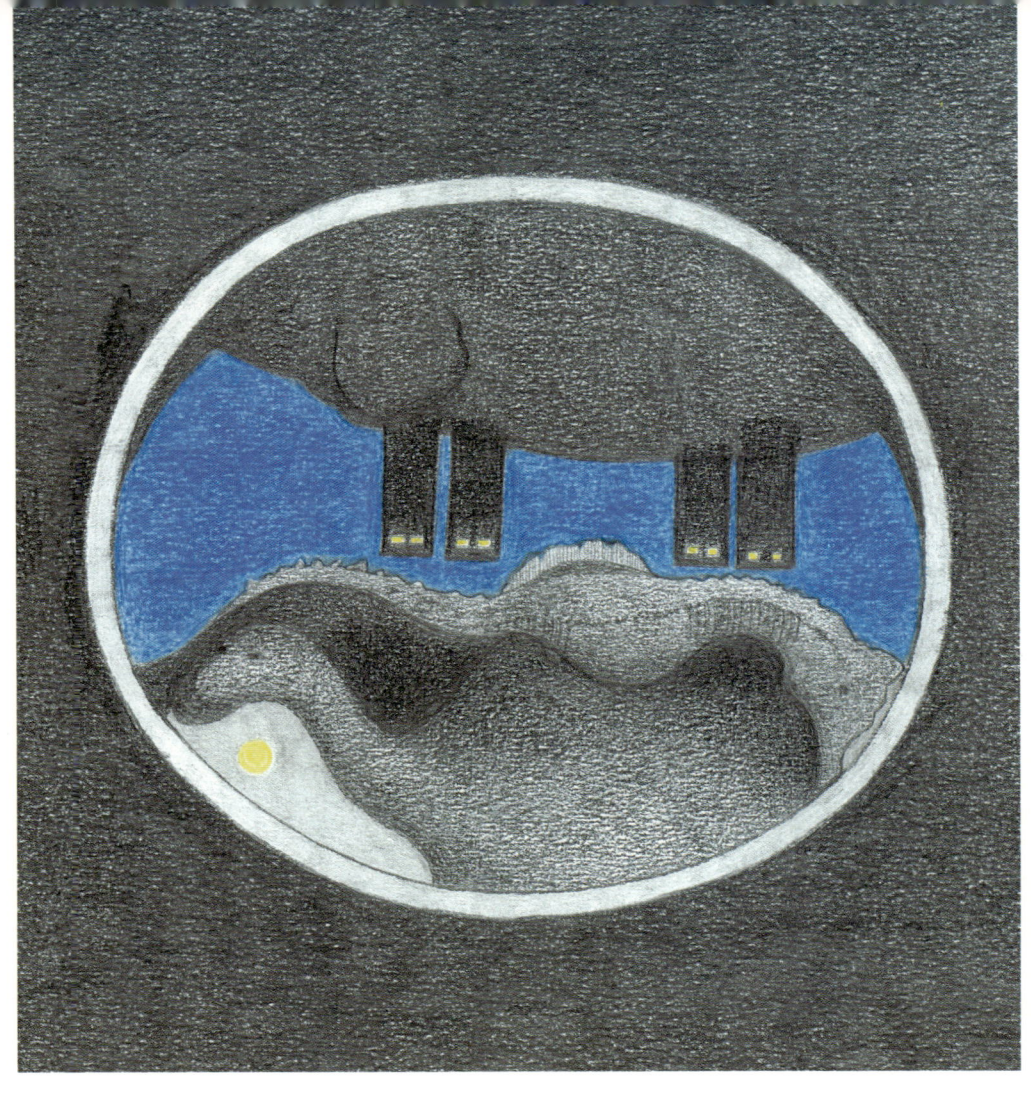

　산이 산을 버리고, 강이 강을 버리고, 빌딩이 빌딩을 버리면, 가장 낮은 곳에 서 있는 낙타도 보이고, 가장 높은 곳에 서 있는 코끼리도 보인다고 엄마나비는 말했었다.

산이 산을 버리고, 강이 강을 버리고, 빌딩이 빌딩을 버리고, 코끼리가 코끼리를 버리고, 낙타가 낙타를 버리면, 코끼리와 낙타 사이에 있는 해마도 보인다고, 엄마나비는 말했었다. 나를 버리지 않고는 다른 이의 마음을 얻을 수 없다는 엄마나비의 말을 생각할 때마다 피터는 마음이 아팠다. 나를 버리지 않고는 한 조각의 진실도 얻을 수 없다는 엄마나비의 말을 생각할 때마다 피터는 마음이 아팠다.

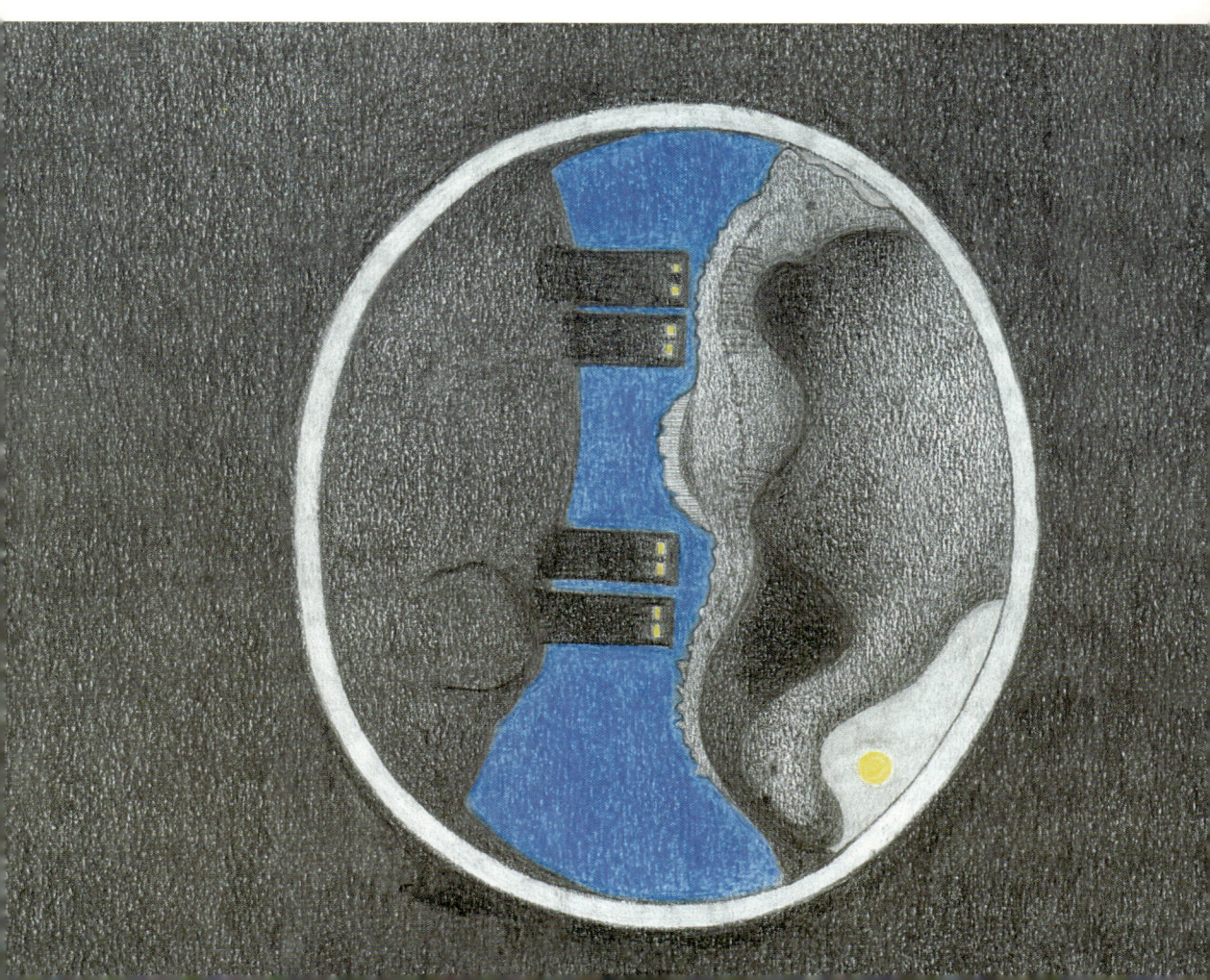

며칠 동안 눈이 내렸다. 눈이 그친 뒤 피터는 판다에게 가고 싶었다. 무지개시냇물 건너편에 눈이 녹았다는 것을 판다에게 빨리 말해주고 싶었다. 판다가 있는 곳에 도착했을 때, 피터의 생각대로 판다는 나무 위에 올라가 있었다. 피터는 판다에게로 다가갔다.

"판다야, 이젠 나무에서 내려와도 돼. 무지개시냇물 건너편엔 눈이 녹았거든."

판다는 아무런 대답이 없었다. 피터는 판다에게로 더 가까이 다가갔다.

"판다야, 이젠 나무에서 내려와도 된다니까……. 어서 내려와. 배고프잖아……."

눈을 감고 있는 판다는 아무 말이 없었다. 회색빛 하늘에서 또다시 눈발이 날리기 시작했다.

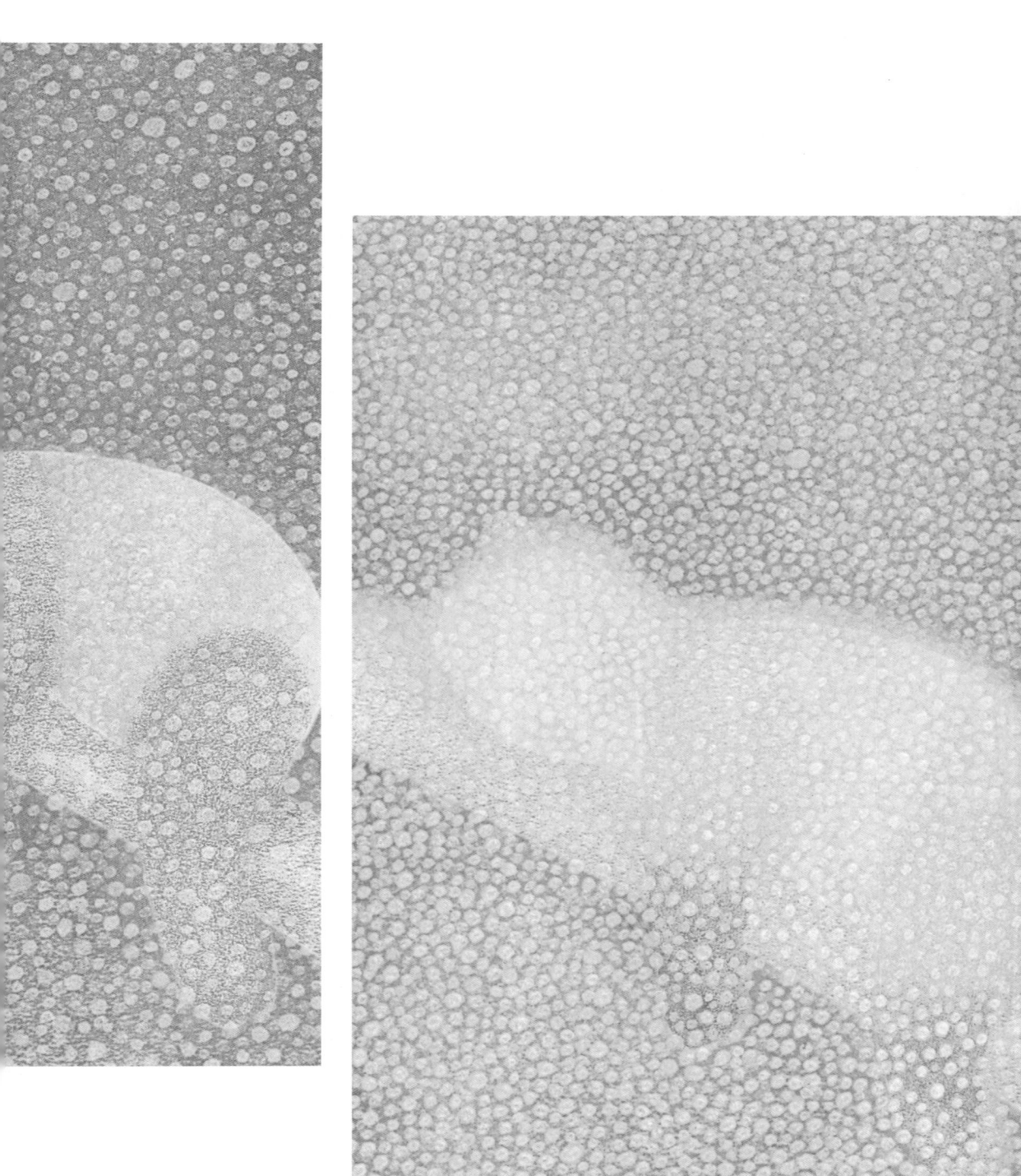

이듬해 봄, 아무도 살지 않는 고래바위 동굴 앞에 꽃들이 피어났다.
저녁노을을 닮은 꽃들이었다.

피터가 어둑한 마음으로 집으로 돌아오는 길이었다.

풀숲 위에 검은 그림자가 누워 있었다.

가까이 다가가보니 날개를 다친 노란나비였다.

피터는 잠시 망설이다가 날개 다친 나비를 위해 풍선을 매달아주었다. 날개 다친 나비는 피터를 향해, "고마워……. 나비의 날개를 꺾어본 자만이 나비를 사랑할 수 있는 거야"라고 웃으며 말했다.

알 듯 말 듯 한 그의 이야기에
피터는 잠시 고개를 갸웃거렸지만 마음은 금세 환해졌다.

그런 날이면 피터의 마음 깊은 곳에
빨간 꽃들이 피어났다.

하지만 오래전에 따 먹은 빨간 꽃 화분은 피터의 마음 깊은 곳에 쓰러진 채 그 자리에 그대로 남아 있었다. 피터는 마음 깊은 곳에 쓰러져 있는 화분을 볼 때마다 엄마나비의 말이 생각났다. 과거의 상처는 현재의 상처가 되기도 하고 미래의 상처가 될 수도 있다고 엄마나비는 말했었다. 마음이 쓸쓸한 날이면 강가에 앉아 엄마나비를 생각했다.

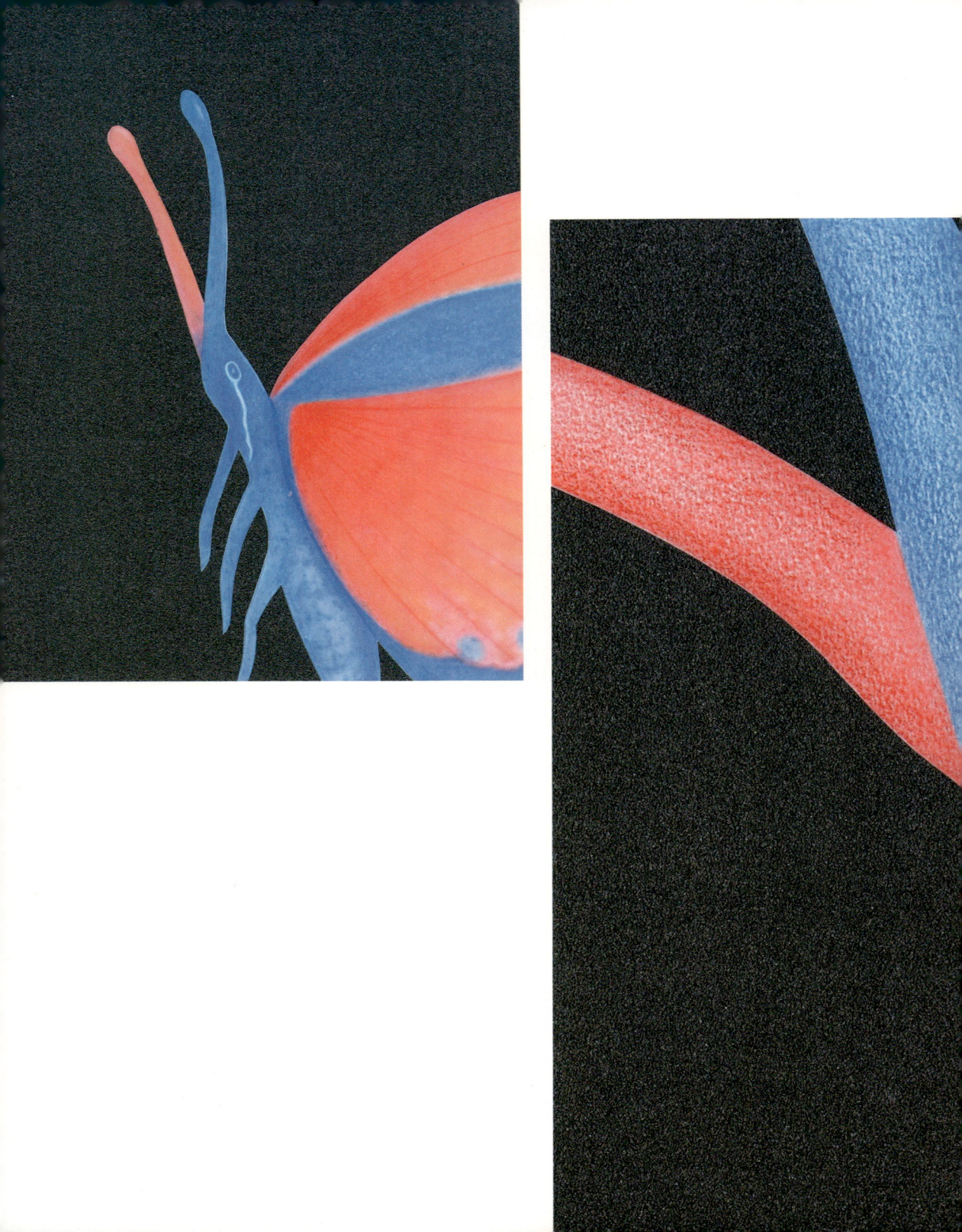

엄마나비를 생각할 때마다 눈에 가득 엄마 얼굴이 고였다.

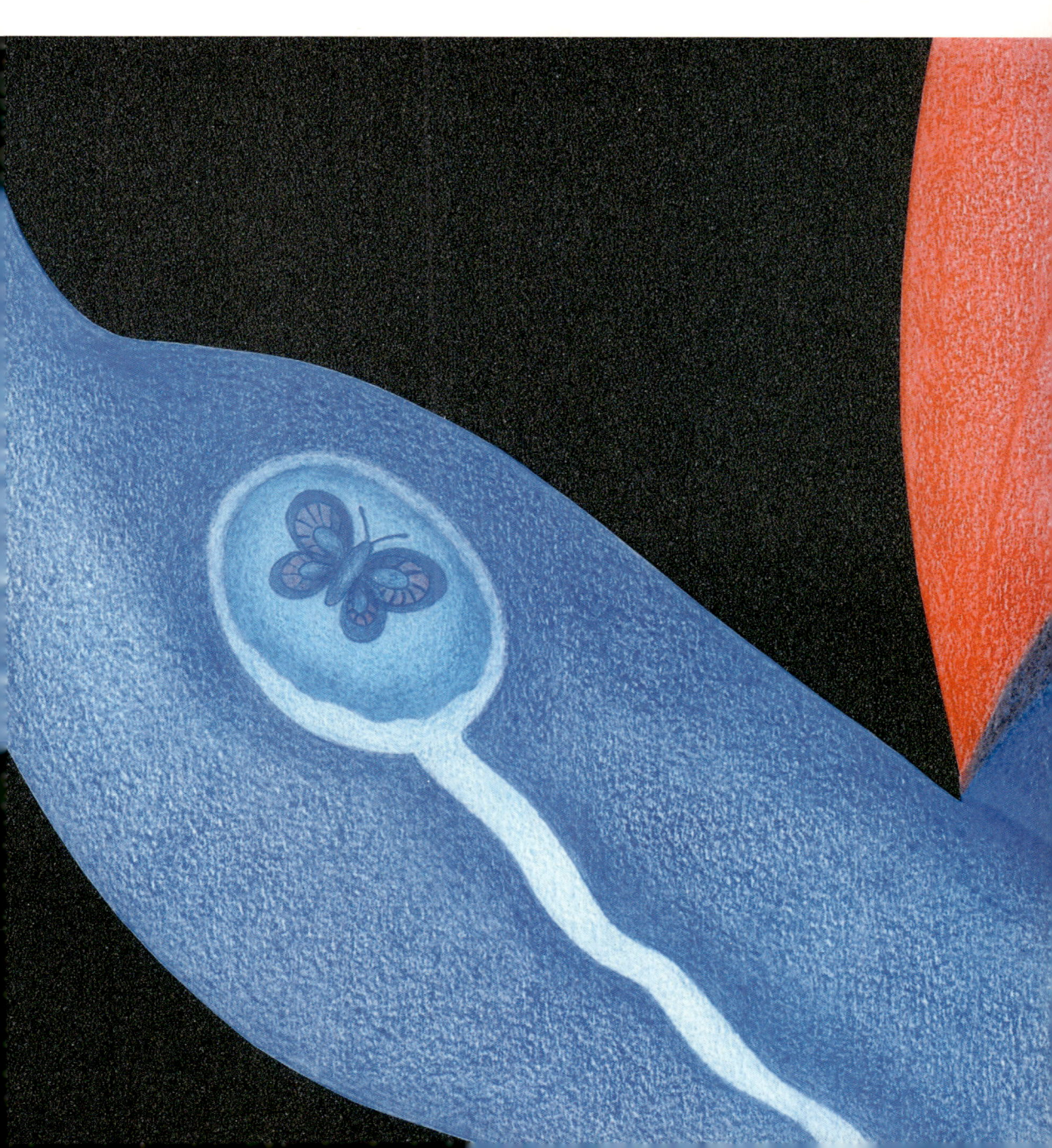

우리의 삶은, 강물 같은 거라고, 강물이 바다로 가는 동안 벼랑을 만나기도 하고, 커다란 바위를 만나기도 하고, 치욕을 만나기도 하고, 더러운 물을 만나기도 하지만, 바다로 가는 동안 강물은 일억 개의 별을 가슴에 담을 수 있다고 엄마나비는 말했었다. 엄마나비의 말을 생각할 때마다 피터는 새 힘을 얻을 수 있었다.

인정받고 싶었고, 빛나고 싶었지만, 그럴 수 없어 마음 아픈 날이면 피터는 엄마나비를 생각했다. 세상이 켜놓은 불빛 때문에 별들은 하나둘 밤하늘을 떠나버렸다고, 불을 켜면 별은 멀어진다고 엄마나비는 말했었다.

우리가 별들의 노랫소리를 들을 수 없는 건 우리의 내면이 소란스럽기 때문이라고 엄마나비는 말했었다. 삶에 대한 대답을 바라지만 말고, 삶에 대한 질문을 가슴에 품고 살라고 엄마나비는 말했었다. 엄마나비를 생각할 때마다 피터는 다시금 용기를 얻을 수 있었다.

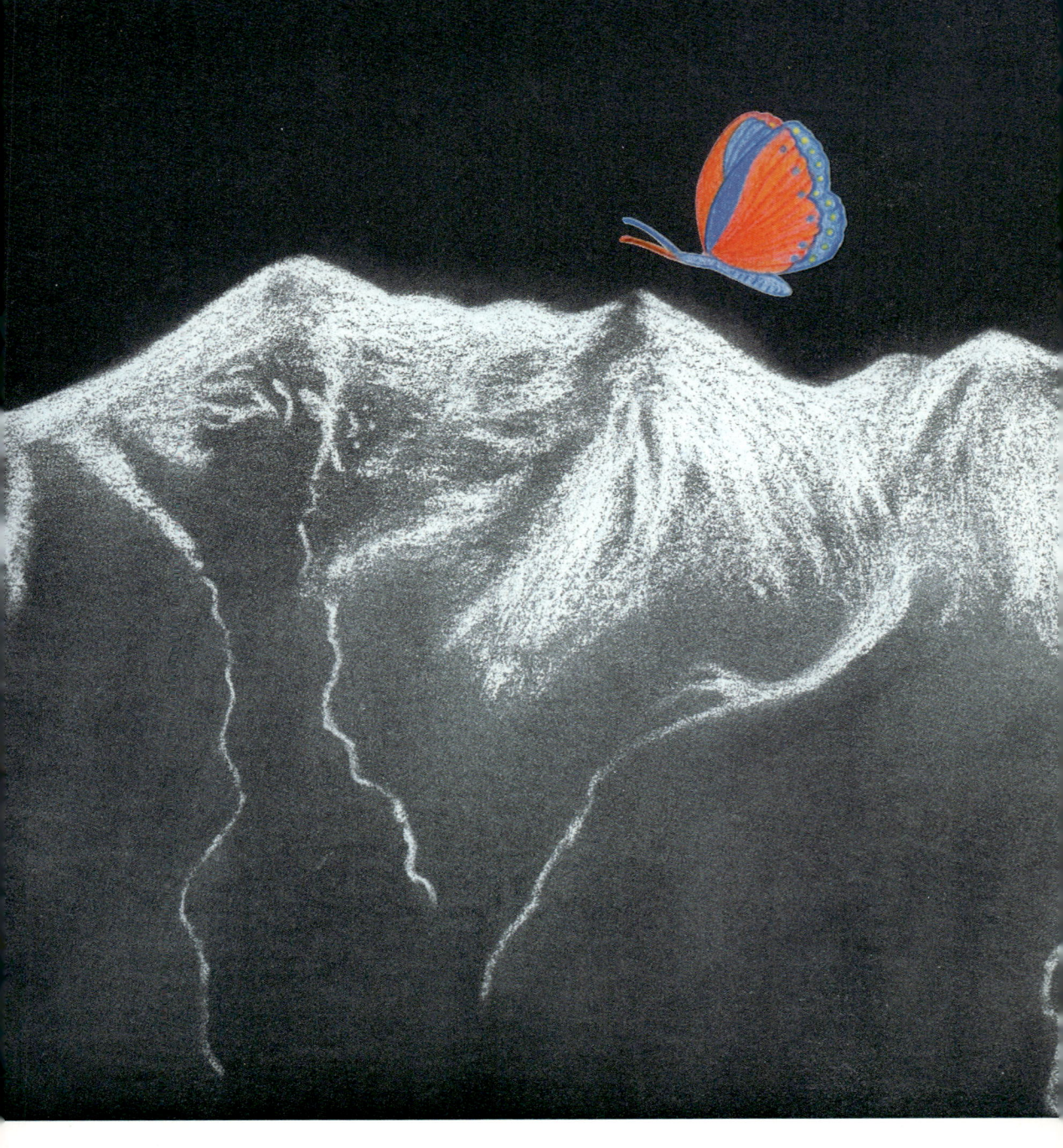

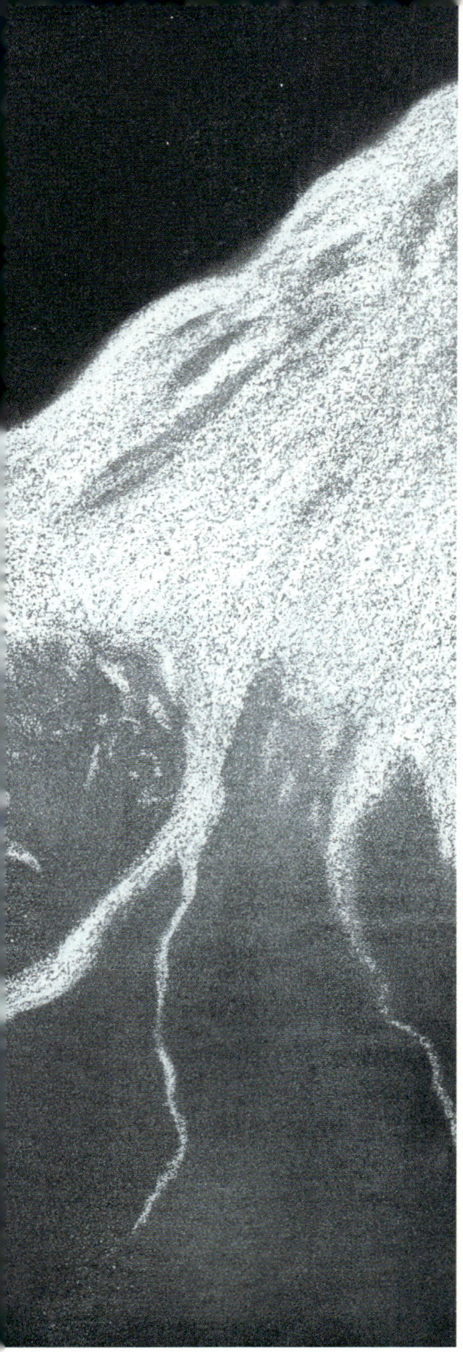

작가의 말

초등학교 시절, 나의 꿈은 화가가 되는 거였다. 집안 형편이 어려웠던 탓에 미술 시간이 되면 나는 늘 친구들의 눈치를 살피며 크레파스를 빌려 썼다. 소방차를 그리는 미술 대회가 있는 날이었다. 학교 운동장으로 소방차 한 대가 들어왔다. 소방차를 그리려면 빨간색 크레파스가 필요했는데 소방차를 그리는 친구들에게 빨간색 크레파스를 빌리는 건 불가능한 일이었다. 나는 운동장 한쪽에 있는 구름다리 위로 올라가 미술 대회가 다 끝나도록 눈물만 글썽였다. 그림에 대한 나의 사랑은 어쩌면 어린 시절의 상처와 맞닿아 있는지도 모른다.

오래전부터 그림을 그렸다. 내 책에 수십 장의 그림을 그려 넣기도 했고, 지난 몇 년 동안 여러 지면에 그림을 연재하기도 했다. 10여 년 동안 1000회 이상 강연을 하며 강연 자료로 사용할 수백 장의 그림을 그리기도 했다. 적어도 내게 있어 글의 조국은 그림이었고 그림의 조국은 글이었다.

강연은 독자들과의 소통이라는 매우 의미 있는 일이었다. 강연을 통해 다양한 계층의 사람들을 만나며 알게 된 것은 사람들 대부분이 상처를 안고 살아간다는 것이다. 또한 사람들은 누군가로부터 자신의 상처를 위로받을 때 가장 많이 공감한다는 것도 강연장에서 만난 많은 사람들을 통해 알게 되었다.

죽음이나 가난에 대한 불안과 실패나 상실에 대한 불안으로 우리의 삶은 평

화롭지 않다. 질투할 것들은 또 얼마나 많은가. 현대를 살아가는 사람들에게 무엇보다 필요한 것은 '위로'일 것이다. 아프리카 정글보다 사납고 비정하고 경쟁적인 세상에서 사람들은 수많은 상황과 맞닥뜨리며 깊은 상처를 받는다. 지울 수 없는 상처 때문에 생을 포기하는 이들도 날이 갈수록 늘고 있다.

할 수만 있다면, 글과 그림을 통해 사람들을 위로하고 싶었다. 글과 그림을 통해 사람들에게 사유와 방향을 주고 싶었고, 생에 대한 질문을 주고 싶었다. 그림 속에 침묵을 담아, 인간과 세계 사이에 놓여 있는 침묵의 독백도 들려주고 싶었다.

글과 그림 원고를 완성하는 데 많은 시간이 걸렸다. 지독한 아픔이 내게 가르쳐준 것이 없었다면, 그리고 하나님이 계시지 않았다면 이 책을 시작할 수 없었다.

내겐 떠올리고 싶지 않은 아픔이 있다.『연탄길』1, 2, 3권의 원고 작업으로 과로한 탓에 지금도 내 양쪽 귀에선 아주 고음의 소리가 들린다. 그것은 빠르게 회전하는 전기톱으로 쇠파이프를 자를 때 나는 소리와 비슷하다. 그 끔찍한 소리는 지금까지 12년 동안 단 1초도 멈추지 않았다. 그로 인해 수 년 동안 깊은 우울증을 앓았고, 감당할 수 없는 고통 때문에 여러 번 죽음을 생각하기도 했다.

세상과 단절하고 어두운 방에 죽은 자처럼 누워 있을 때 비로소 깨달을 수 있는 것들이 있었다. 그것들은 아픔을 통해서만 알게 되는 것들이었다. 만약 내가 누군가를 조금이라도 위로할 수 있었다면, 아마도 그 시절의 아픔이 있었기 때문일 것이다.

　이 책의 주인공은 바로 독자들이다. 독자들에게 따뜻한 위로가 되고 살아갈 용기가 돼주길 바란다.

2011년 가을
이철환

분홍나비의 말을 피터는 마음에 새겨두었다. 소통하겠다는 것은 생각의 차이를 인정하는 거라고 했던 숲 속 오리의 말도 생각났다.